JN204829

感性をみがく練習

名取芳彦

GENTOSHA

はじめに

感情と感性の違いは何でしょう。

感情の荒波にゆられゆられて、人生酔いしている方が多いなかで、感性の本を書こうとしている筆者としては気になるところです。

部屋に花を飾る時、季節のどんな花を、どのように飾るかは感性の担当です。そこに喜怒哀楽の感情が入りこむ余地はありません。

感性（sensibility）は、哲学の世界では理性よりも下に位置づけられているようで、意志の力で克服すべきものとして扱われることが多いらしいのですが、感性は理性より下位ではなく、感性という土台の上に理性が築かれていくものなのでしょう。ですから、感性という基礎をしっかり作っておくことが大切なのです。

道端に咲く花を見て「根っこがあるから咲いている」と気づいて、そこから「私も人生にきれいな花を咲かせるために、人として根を張っておこう」と思えば、自分を支える心の杖は太く、しなやかになっていきます。

橋を見て「こちら側から向こう側へ人や車を渡している。〝橋渡し〟とはこのことだ」と気づいて、「では、私は何かを、どこかへ橋渡ししているだろうか」と考えれば、自分も何かの役に立とう、あるいはすでに役立っていることがわかり、自己肯定感も高まり、充実した人生が送れるようになります。

感性は「磨《みが》く」と言われるように、感性の原石が私たちの身近にあって、磨けば光ると考えられてきました（「感情を磨く」とは言いません）。右記で言えば、花や橋が感性の原石です。その原石にどのような磨きをかけるかは自分次第です。

花を「花ことば」というやわらかい布で磨いて、一輪の花を心の花畑にまで昇華させる人もいます。橋を見て「建設費やメンテナンスに、いったい、いくらかかるのだ。それは私が払った税金から出ているのだぞ」と、損得という目の粗いヤスリで削ってしまう人もいます。

磨き方は人それぞれですが、豊かな人生を送りたいと願うなら磨き方にコツがあります。損得や比較、有益と無益、好悪など、すぐに喜怒哀楽に結びつくような磨き方をすれば、せっかくの原石も鈍く曇ったままです。そんなやり方をつづければ、自分の仕事、老い、病気、死を含めた人生という原石さえ、どうせ・所詮・つまらない・嫌だ・意味がないと、台無しにしてしまうかもしれません。もったいないことです。

本書は、私たちの周囲にあり余るほど転がっている原石を、どのように磨いていけば人生が豊かになり、心おだやかになれるかについて仏教を軸に書きすすめました。仏教では、私たちは満月のような素晴らしい心を持っているのに、それが煩悩（心を乱す欲や見方）の雲で覆われていると考えます。

この雲を吹きとばす風が、物事の本当の姿を見抜く智恵と、他に楽を与え、他の苦しみを抜く慈悲と言われます。智恵や慈悲も、ベースになるのは周囲の人や物に対するさまざまな気づきと共感する能力、つまり感性です。

本書の項目一つ一つがさわやかな風となり、あなたの心をおおっている雲を払って満月のような心が現れる一助になれば幸いです。

感性をみがく練習　目次

第二章

苦しい時の感性

第三章 あえて捨てる感性

第四章

人間関係をよくする感性

第五章　老いと死についての感性

第六章
自分の感性を磨く

装幀　next door design（大岡喜直）
装幀写真　yonibunga/shutterstock
DTP　美創

第一章

生き方を変える感性の力

花がきれいに見えるのは、あなたの心がきれいだから

長男が誕生して初めて迎えた朝のこと。玄関を出て、境内《けいだい》の門を開けに行くと、見慣れている境内の風景が違って見えました。

生け垣の何百枚もの葉が風に揺れて、「生れて初めてなったお父さん！　おめでとう」と手を振っているように感じたのです。

足元の地面は、「大丈夫。あの子は私たちがしっかり支えるよ」と言っている気がしました。

空に浮かぶ雲は、祝福のために鳴らされたクラッカーから放たれた大きな綿雲のように見えました。

周囲にあるものすべてが、長男の誕生と、初めて父親になった私を祝福しているように感じたのです（家内の功績が一番大きいのですが、その時はそこまで考えが及ばなかったのですから勝手なものです）。

私たちは目、耳、鼻、舌、皮膚の五官で受けとった情報をもとに、心が判断し認識しながら一瞬一瞬を生きています。スマホの画面、赤ちゃんの泣き声、ニンニクのにおい、アイスクリームの甘さ、蚊に刺されたかゆみなどは、私たちの心が判断しています。遠くで聞こえる赤ちゃんの泣き声を「猫？」と勘違いする人もいるでしょう。ニンニクのにおいをクサいと表現する人、甘いアイスクリームもハラペーニョを食べた後ではほとんど意味がありません。蚊に刺されたところを爪で力一杯つまんで、かゆみを強い痛みでごまかす人もいます。

すべてはあなたの心が作り出している――こうした考え方は仏教で唯識《ゆいしき》（唯心）と呼ばれる学派が特化した成果を出していますが、あなたも何かネガティブな思考に陥った時、友人から「物は考えようだよ」と言われたことがあるでしょう。まさにその通りなのです。

心がきれいならすべてのものがきれいに見えます。「きれいな花」と思うのは、あなたの心がきれいだからです。逆に心が汚れていれば、どんなものでもきたなく見えます。花を見ても「花は虫を集めて受粉を手助けさせるために目立とうとしているだけさ」と、植物学者のように言い切る人もいるのです。

仏教は、いつでもどんなことが起こっても心おだやかでいる（悟り）ために心を養い、磨いていきなさいと説きます。何を、どのように心が受け取るかという感性を、心おだやかになるために磨いていけというのです。

家の前にどこからか飛ばされてきたスナック菓子の空の袋を見たら、「誰かが拾うだろう」ではなく「私と縁があるのだから私が拾おう」と思うのです。拾いながら「このお菓子は食べたことある」と自分との共通点に気づくのもいいでしょう。

さまざまな物を自分と関連づける感性を働かせると、孤立感に苛《さいな》まれることが少なくなります。今日、周りの木々の葉や雲はあなたに何と話しかけていますか。

やさしさと勇気の元になるような感じ方をしたいものです。


心は磨かないと、見るものすべて醜くなってしまう。

泥水の中で育っても蓮はきれいな花を咲かせる

仏教では蓮の花を大切にしますが、その理由は二つあります。

蓮は開花前にすでに実をつけていると考えられていました。そこから、「あなたは悟りという実を内蔵しているのです」という教えを象徴するようになりました。仏師が一本の木で仏像を彫る時「木の中に埋まっている仏像を彫り出す」と表現することがありますが、それと同じです。あなたはもともと素晴らしいものを持っているのだから、あとは余計なものを取り除けばいいというのです。

また、蓮は泥水の中でしか咲かないのに、泥色に染まらずにきれいな花を咲かせます。そこから、「どんな環境でも、否、きれいと言えない環境の中でも、あなたは蓮のように、美しい心の花を咲かせていける」という教えを象徴しています。

時々、自分の不幸を生れ育った境遇のせいにして責任転嫁する人がいます。

「私がこんなになってしまったのは生れた家庭が、生れた時代が、場所が悪かったので、私の責任ではありません」

俗に言うクレーマーは、自己責任はそっちのけにして、「あなたのせいでこうなった」と、自分の非や損したことだけを自分以外の環境のせいにすることに心の重心が傾いています。

蓮で言えば「泥水の中で育ったから、花も泥水に染まってしまったのです」と言っているようなものです。

たしかに、犯罪の裁判の判決でも「生れ育った環境を考えると情状酌量の余地がある」という温情あるひと言が加わることもありますから、環境が私たちに与える影響は小さくないでしょう。

しかし、どんな悲惨な環境でも、心を清く保とうと生きている人はたくさんいます。そのような人たちは「～のおかげで」という感謝の言葉をよく使います。この場合の「～のおかげ」は、言い換えれば「環境のおかげ」と言い換えることができます。自分を良くしてくれた環境だけに目が向いて、それに感謝して、謙虚さを忘れないのです。

環境のせいにして自己防衛を図るか、環境に感謝して自分を磨くかは、他ならぬあなたの裁量です。

小さなことを気にするようになってしまったのは親がいちいちうるさかったから、クヨクヨ悩みがちになったのは誰も私を認めてくれなかったから、何かにつけて人と比べるようになったのは学校で学力を比べられたからと、責任転嫁ばかりして現状を変えようとしないのはもったいないことです。それぞれにどう対処すればよいかは本書で触れますが、蓮は無言のうちに私たちに教えてくれています。

「時々、私のことを思いだしてごらんなさい。実際に蓮池に行くもよし、心に蓮をイメージするもよし。私たち蓮は、あなたをより良くするために咲いているわけではありません。しかし、仏教に関心のある多くの人は私たち蓮を手本にして、都合通りにならないことが多い世の中を、さわやかに、凛《りん》と生きようとしているのです」

他人や環境のせいにしたくなったら、蓮の花を思いだす。

怒りや、悲しみにも良い面はたくさんある

怒りのピークは六秒しか続かないそうですが、人に裏切られた時のせつなさや、親しい人を亡くした悲しさは、そのような短い時間でどうにかなるものではありません。数日、数週間、数年、下手《へた》をすれば死ぬまで完治しない心の傷として残ることさえあります。

「信頼していた親友だから打ち明けたことを、親友が別の人に話していることを知り、そのショックから立ち直れない」という相談を受けたことがあります。「『誰にも言わないで』と相手に伝えたのですか」と聞くと、親友だからそんなことは言わなくてもわかっていると思った、とおっしゃいます。

ここで私は、冷たいと思われるのを覚悟でお伝えします。

「親友の定義が『友だちを裏切るようなことはしない』なら、その人はあなたの親友ではなかったということです。あなたが勝手にその人を親友だと思っていただけだっ

たのです。そして、いくら仲のよい友だちでも、各々を取り囲む状況が変化すれば、人はあっけないほど簡単に人を裏切るものです」――少なくとも私はそう思っています。

私もこれまでに、本人に自覚があったかどうかは別にして、裏切られたこと、裏切ったことがあります。そこから「結果的に裏切らざるをえなかった事情がある」と気づきました。事情がわかって仲直りすることもありますが、懲りもせず「人は信頼できる」と夢想しつづければ、同じせつなさをこの先も味わうことになります。知っておいたほうがいいのは、「人は信頼できる」ではなく「信頼は貴重である」ということでしょう。

また親しい人の死などの悲しさについては、亡き人から受けたさまざまなおかげを考えて、「ありがとう」と感謝することで、悲しみを乗りこえるスピードは格段に速くなります。

一休禅師に「このはし、渡るべからず」のエピソードがあります。「はし」を橋ではなく端と解釈して、橋の真ん中を堂々と渡ったというこの話は、物事をさまざまな角度から見る（観自在の）大切さを説いていると考えてもいいでしょう。

どんなことでも、私たちはまず自分の先入観で体当たりして、一つの感情に包まれます。橋の手前に「はし」と書いてあれば、橋としか思わないようなものです。

しかし、物事にはさまざまな側面があります。人生を笑顔で過ごすためには、デメリットという側面ではなく、メリットに気づく力が大切でしょう。

私の場合は、人に裏切られてせつない思いをしたメリットが信頼の貴重さに気づけたことでした。親しい人との永遠の別れも、もう二度と会えないというデメリットではなく、「あなたのおかげでこうして生きています。ありがとうございました」と感謝すれば、人生深みが増し、より豊かなものにできるというメリットになります。

ネガティブな感情が湧いたら、別の見方、感じ方はないかと考える練習をしてみてください。悪い、嫌だと思いこんでいるものにも、メリットはあるものです。

人生を笑顔で過ごすには、メリットに気づく力が大切。

つまらない「こだわり」で大きな世界を小さくしてはいけない

私の周囲には安全、安心、安定が何より好きな人が少なくありません。そのような人は大雨、大風、雷を怖いとおっしゃいます。しかし、私は逆で、命の危険を感じない程度なら大自然の猛威が大好きです。

台風の翌日にはわざわざ川の堤防に行って、河川敷の野球のグラウンドが水浸しになっているのを眺めるのが大好きです。

人は一生の間にどれくらい水分を飲み、汗や尿として排出しているのでしょう。きっと二十五メートルプール一杯分くらいにはなるでしょう（科学的根拠は何もありませんが）。また、体の六十パーセントくらいは水分でできています。

私が関わっているこれらの水は、何億年も前から地球にあった水が巡って、私と関わりを持ったのです。私が飲み、体を作っている水分のいくらかは、恐竜が飲んだ水と同じ池の水だったかもしれません。数千年前に氷河だったかもしれず、何十年前に私が流した涙かもしれません。

水の惑星と呼ばれ、大気を持っている地球。水も空気も太古から地球を巡り巡っています。トイレに行ったり、泣いて涙を流して、その循環に一役かっている自分が、私はとても誇らしく感じられるのです。

風は移動する空気ですが、その空気も昔からどこかにあったものでしょう。私の坊主頭を撫でる風は、一カ月前にはハワイでヤシの葉をゆらしていたかもしれません。一年後にはアイガーの岩肌を撫でているかもしれません。数年後には、どこかの駅の公衆トイレの床の隅によどんでいるかもしれませんけど……。

調べてみたことはありませんが、稲妻が一回光るための電力は一般家庭の消費電力の何年分になるのでしょう。もし、人の力で河川敷のグラウンドを水浸しにするとしたらどれだけの労力が必要なのでしょう。それらを、自然はいともたやすくやってのけます。

そして、あなたも私も、三十七兆を超える細胞が有機的に結びついて複雑な機能を果たしている体を持っています。

私たちは太古からの循環に支えられている大自然の中で、大自然に引けをとらない奇跡のような体と、多くの可能性を秘めている心を持っています。

本来、その心を遮るものはありません。大空よりも大きな内的世界を私たちは持っているのです。それなのに、つまらない「こだわり」で大きな世界を小さなものにしてしまっていることがあるのです。

仕事ができないとか、お金がないとか、悪口を言われて凹んでいる場合ではありません。つまらない意地や欲を通そうとし、愚痴や不平などを言わなくてもいいのです。

自然と自分の関わりを感じて、自分の体の不思議さ、素晴らしさにあらためて驚いてみてください。あなたはちっとも小さな存在でないのがわかるはずです。

大空よりも大きな内的世界を私たちは持っている。

普通の暮らしのほんのりとした温かさを感じる

高野山にいることが多くなった空海（弘法大師）に、華やかな都で暮らしている人から「たまにはこちらへもお出かけください。活気に満ちていてインスパイアーされることが多いですよ。山の中では面白いこともないでしょう」と手紙がきます。

空海は次のように返事をしたためます。

「朝に一杯の谷川の水を飲んで命をつなぎ、夕方になれば、山の霞《かすみ》をひと呑みして心を養っています。掛け布団がなくても、垂れさがった蔦《つた》や細い草は体を覆うのに充分ですし、敷布団がなくても葉や木の皮が敷物になります。天は紺色の幕（青空）を垂らしてくれます。そして龍神は雲をたなびかせ、雨のカーテンをおろしてくれます。山鳥がときおりやって来ては歌い、猿もアクロバットのような妙技を披露してくれます。春の花、秋の菊は私に笑いかけ、明け方の月や朝の風は俗念をきれいに洗いながしてくれるのです。都にはこんな豊かな暮らしはないでしょう。私はこの山中の暮らしに充分満足しているのです」

私が住職をしているお寺は東京の東端の江戸川区。周囲には畑やビニールハウスが多く残っているのんびりした地域です。しかし、私はその中で、体が二つ欲しい、一日が三十六時間あったらいいのにと思うような日々を過ごしています。

そんな私にも、楽しみはいくらでもあります。

本堂の軒下は、夏になると三毛の野良猫のねぐらになります。朝、雨戸を開けるとノソノソと本堂外の階段の中程までおりて、「なによ？」という顔をして私を見あげます。私は「よおっ。おはよう」と声をかけてその場を去ります。

本堂の鐘をゴーンと叩く時は、叩く瞬間の音、ゴーンと響く音、ウォンウォンと唸る三つの音に聞き入ってからお経を唱えはじめます。

住職室に戻ると歌詞のないヒーリング系の音楽を小さな音量で流し、パソコンをたちあげて事務連絡系のメールをチェックします。私の心を乱すものは何もありません。

こうしたことは、心を安定させるためのルーティンワークとして行なっているわけではありませんが、心のアンテナの感度を少し上げれば、心を満たすことはいくらでも見つけられます。

アンテナに引っかかるのは道端に咲いている小さな花、鳥の声、雲などの自然ばかりではありません。登下校の子どもたちの姿にかつての自分を重ねあわせて「がんばれ、楽しめ」と微笑《ほほえ》むこともできます。開店準備をしている商店の店先で立ち話をしている主婦、道を漂ってくる食事の匂いなどから、「普通の暮らし」を満喫する温かさを感じることもできます。

冒頭の空海の返事は、山中で自然のエネルギーを心身に充満させて都での活動とバランスを取ろうとする表れとも考えられますが、現代に生きる私たちにとっても、日々の暮らしの中で少しだけ心のアンテナの感度を上げれば、心のバランスを取りもどすことは、そう難しいことではありません。


心のアンテナの感度を少し上げれば、日常の風景が楽しいことで溢れる。

人生を変えるのは本当に小さなもの

「袖すり合うも他生の縁」「つまずく石も縁の端」――世の中は何が縁になり、どんな展開になるかわかりません。わかりませんが、縁と出合うためには物理的に外出し、心も外に向けたほうがいいでしょう。外に出ると合えるという「出合い」は言い得て妙な日本語です。出ないと合えないのです。

私たちは一生の間に数十万から数百万の人に出会うでしょう。一度会った人よりも、二度三度と出会う回数を重ねた人のほうが縁が深くなります。以前会った人にまた会えば「先日お会いしましたね」と一層親密になります。そこからお茶でもどうですか、一杯やりますかとつながっていきます。人の縁はそのように発展していきます。つきあってしばらくしてから結婚に至る夫婦などはよい例でしょう。

出合いは人以外にもあります。一冊の本に出合ってイジイジしていた自分と決別できた人、ある一曲に出合って失恋の痛手から立ちなおる人、一つの作品に出合って魂が震えて芸術家を志す人、美味《おい》しいケーキを食べてパティシエを目指す人もいます。

私の場合は、仲間がたまたま誘ってくれた浪曲（浪花節）を聞いて、ストーリーテラーの魅力にはまり、ライフワークとして戯曲を一本書くことにして、暇な時間を見つけて書きはじめました。すると、出版社から物語仕立てで読みとく『般若心経《はんにゃしんぎょう》』のマンガの原作を書く話が舞いこみました（時代は現代、恋愛も少し入れるという愉快なシバリがあって、楽しく書きました）。戯曲を書きはじめたらマンガの原作の話が舞いこんだのですから、不思議な縁だと思いました。

他にも、生きるのにとても役に立つ仏教を大勢の方々にお伝えしたいという思いがありながら（第一の縁）、檀家《だんか》以外の方々（特に若い人）と接する機会がないために（第二の縁）、お台場のビッグサイトで行なわれる巨大文化祭のデザイン・フェスタにお地蔵さまの絵と言葉で出店し（第三の縁）、そこで若者と知り合ったことから（第四の縁）、若い仲間が連鎖的に増え（第五の縁）、何かにつけて一緒に語り、お酒を飲むようになりました（結果）。

小さな点を縁としてつなげていった結果、大きなネットができあがったようなものです。

外に出れば点のような縁に出合います。それらの点が何か別の縁でつながるのを待つよりも、自分からつなげるほうがネットになる可能性は大きくなります。それには心にバリエーション豊かなアンテナを数種類持っておくこと、つまり多くのことに興味と好奇心を持つことだと思うのです。

ビジネスシーンでもよく引用される江戸時代の柳生家の家訓は、

小才は縁に出合って縁に気づかず。
中才は縁に出合って縁を生かさず。
大才は袖すり合った縁さえ生かす。

だそうです。小さな縁と出合うために、外出時間を有効に使ってみませんか。

外に出れば点のような縁に出合う。
その点をつなげれば人生は大きく変わりだす。

何気ない日常の中であなたの心は満たされている

日々忙しくしているとなかなか気がつかないことがあります。その一つが「虚しく往《い》きて、実《み》ちて帰る」という意味の「虚往実帰《きょおうじっき》」という感覚。

この言葉は、空海が二年間の中国留学で恵果和尚《けいかおしょう》から密教を伝授してもらって帰国した後に残した言葉です。「何もわからず出かけて行ったけれど、帰る時には心のおみやげがたくさんになったなあ」という意味になるでしょう。

思い起こせば、小学校に入学する時は期待と不安で一杯だった私ですが、六年たって卒業する時にはたくさんの知識と多くの友だちという財産を得ました。まさに「虚しく入学し、実ちて卒業した」のです。

こうしたことに年月が必要なわけではありません。二泊三日の小旅行や出張でも、虚しく往きて、実ちて帰ることができます。多忙に紛れて忘れ、あるいは薄らいでいた感性が、旅先で刺激されてよみがえることもあります。出張先で経験したことがないことを経験するのも、実りがあったと言えます。浅い経験に厚みが加わることもあるでしょう。

それは、一日の生活の中でも起こります。コンサートやイベントに出かけて触発され、やる気が出ることも少なくありません。

日常では些細と思われる食事や掃除でも感じられます。お腹がすいてご飯を外食すれば、胃《い》虚しく食事にのぞみ、腹《はら》実ちて帰ることになります。掃除をして物があった場所がきれいに整理されれば、心は満たされます。掃除をする前と後では心のさわやかさが違うのです。

このように、何かする前後の心の充実感を少し意識すれば、やったことに満足感が得られます。

だからといって、何をするにしても、やった後で「精神的に何が変わったのだろう」と必死になって考えなくてもいいのです。そんなことをしていたら疲れてしまいます。「転んでもただでは起きないぞ」と意地になるようなことではありません。

私の場合は、何かをやり終えた後で疲労感だけが残った時に、「本当に疲れただけか？　単なる骨折り損のくたびれ儲けだったのか？」と自問するようにしています。

自分ではたいしたことはできないと思っていたけれど、そこそこできたのではないか、役に立てたかもしれないと思い返すだけで、「今日のところは、良しとしておこう」と自己肯定できるものです。

実家や自室、友人との語らいの場、自然の中など、そこにいてそれまでの不安や虚しい気持ちがなくなり、いくらかでも心が実ちれば、そこはあなたにとって大切な場所になっているということです。

空虚な気持ちがいつの間にか実ちていたという経験を時々意識してみてください。

自分が思っている以上に、心豊かな暮らしをしていることに気づけます。

何で満たされたのか注意して観察すると、
自分の豊かな生活に気づける。

私たちの小さな体には、無限の可能性が内包されている

江戸時代くらいまでの日本人は体が小さかったのでしょう。「男一匹五尺の体」（五尺は約百五十センチ）という表現が今でも時々使われることがあります。虫なみの一匹という言い方と相まって、ちっぽけな体しか持ち合わせていないということです。他にも「（人が占有できる面積は）立って半畳、寝て一畳」とも言われます。

そして、そよ風で簡単に落ちてしまう草葉の上の露さながらの儚《はかな》い命です。

もともと小さな体しか持ち合わせていない私たちが、小さなことで悩み、傷つき、他人の手を引かずに足を引っぱるようなことをするのですから、体も心も小さなトゲのあるコンペイトウのようなものかもしれません。

しかし、私たちは小さな体の中に、膨大な歴史や機能を備えています。

お母さんの子宮の中で過ごす四十週の間に、四十億年とも言われる生命の進化過程

を経て呱々《ここ》の声をあげます。

体温を一日中三十五、六度に保つ機能もあります。私の体重は九十キロですが、この体を温めつづけるための電気コードがお尻についているわけではありません。脳や肝臓や筋肉は頼みもしないのに熱を作り出し、血液がそれを冷却してくれています。

前述のように、体の細胞の総数は三十七兆余にも及びます（お風呂で体を洗った時に剝《は》がれ落ちる細胞数を想像してゾッとすることがあります）。傷ができれば元に戻そうとする自然治癒力が働きます。

このように、たかが五尺の体の中に大自然に匹敵するような力を内蔵しているのが私たちなのです。

そして、ちっぽけだと思っている心も、使い方、磨き方次第で、夜空に咲く花火のようにきれいに花ひらくことができます。

意見の違う人のことも理解できます。

喧嘩した人と仲直りすることもできます。

誰かを愛し、守ることもできます。

亡き人を偲《しの》び、感謝することもできます。

悩みを解決することもできます。

一歩踏み出す勇気を出すこともできます。

できないことにチャレンジすることもできます。

さまざまなことに泣き、笑い、喜び、怒りながら人生を過ごすことができるのです。

こうしたことは、駄目だった過去の自分がよりよく変わった部分だけに光を当てれば、より明らかになります。「人はこんなふうに変われる無限の可能性を秘めているのだ」と気づけば、自分の可能性も信じられて、心磨きにも一層拍車がかかるでしょう。

けして自分のことをちっぽけな存在だと思ってはいけない。

何もなかった日こそ、素晴らしい

「躍動する社会」という言葉は、すでに昭和のレトロ感満載。生活レベルが昨日より今日、去年より今年のほうが上がっていくのが実感できた経済成長期によく使われていたフレーズでした。

箒《ほうき》と塵取《ちりと》りが掃除機になり、洗濯機は洗ったものを絞るローラー式から遠心力で脱水する機能がつき、食パン専用だったトースターがオーブントースター、オーブンレンジへと進化し、難儀だった冬の水仕事や洗い物にガス湯沸かし器が革命を起こしました。目に見え、肌で実感できる変化でした。

いわば、滑走路を離陸した飛行機が上昇していた時期です。それが平成に入ると、物質的には安定した水平飛行になります。

水平飛行になれば、上昇する時のような馬力は不要になりますが、グライダーではないので相変わらず社会のエンジンは回りつづけています。

その動きは新聞やネットの情報で知ることができます。どんなに社会評論家や経済学者が社会や経済の停滞を嘆いても世の中は動いています。「来年の流行色」「行列のできる人気店」「世界の株価」「かつての有名人の今」「新発明の特殊素材」「現代の宗教事情」「スポーツの新記録」など、一人の人間が知ることができる数万倍の出来事が日々、否、刻々と報告されます。

言い換えれば、諸行無常の大原則は社会にも当てはまり、いつも動き、変化しているのです。

変化の多くは自分の外の出来事ですが、自立できない人はその動きに乗れないことに不安を感じます。商店街で人だかりがあれば、「みんな買っているから私も買わないと損」とばかりに行列に並ぼうとするようなものです。

多くの情報を元にして商売をするなら、いち早く情報を入手して分析し、仕事に役立てるのは当たり前でしょうが、人生というレベルでは、躍起になって情報収集する必要はありません。何気ない日常の中でも、心の満足は得られるものです。

私は日々感じたことをブログに書いているので、毎日を面白く生きているように思う方がいらっしゃるようで、たまに「何か面白いことありませんか？」と聞かれてアングリ口を開けることがあります。そうおっしゃる人は、自分で面白いことを見つけられないほど心が硬くなっているのです。

今日は鳥を何回見たか、咲いている花（通りすぎた木）の名前をいくつ知っているか、駐車している車のナンバープレートの前二桁から後ろ二桁を引いたら（足したら）いくつになるか、人を喜ばせるような言葉を一つ言える（言えた）か、など、愉快なことはいくらでも身の回りに転がっています。それに気づく感性がないだけなのです。

心ウキウキすることが何もなかったとため息をつきたくなったら、心の動脈硬化を疑ったほうがいいです。すべては、あなたの心の投影ですから、あなたの心が動きはじめれば、停滞していると思ってる周囲も、あなたの心につられて動きだしますよ。

今日は鳥を何回見たか、咲いている花の名前をいくつ知っているか。愉快なことはいくらでも転がっている。

同じ物事でも、毒にする人、薬にする人がいる

「仏教の教えはさまざまですが、差はありません。牛と蛇が飲む水に差がないのと同じです。しかし、牛が飲めばミルクになりそれがバターやチーズになります。蛇が飲めば毒になります」は、空海が『宗秘論《しゅうひろん》』の中で使っているわかりやすいたとえ話です。

これは他のことにも当てはまります。一つのことに出合った時、それを自分の中でどう咀嚼《そしゃく》し、消化し、最後にどんな成分にして残すかを少し意識しておくだけで、徐々に良い物が生成されるようになります。

素敵な人に出会った時に、自分もそうなりたいと努力して真似をしてその人に近づこうとする人もいれば、妬《ねた》み、足を引っぱろうとする人もいます。これはライバル関係にある人にも言えるでしょう。相手をミルクにするのも、毒にするのもあなた次第なのです。

何もしなくていい時間ができた時、「退屈な時間は何でもできる時間だ」と喜んで、

細かいところの掃除や引き出しの中の整理、買っておいた本を読むなど、普段できないことを片っ端からやりはじめる人もいれば、「退屈だ。つまらない」とただ愚痴をこぼすだけの人もいます。何もしないことを楽しめばいいのですが、それを愚痴るようだといけません。自由な時間をどう使おうと、それはその人の自由なのです。

歳《とし》を取るのはみな平等ですが、「生れて初めて○○歳になった」と心の新鮮さを保つきっかけにする人もいれば、「歳は取りたくない」と、張りがなくなった心で若かったころにしがみついて、ぶらさがっている人もいます。

他にも、一つの役職や地位に就いて、それを人のために上手《じょうず》に使って貢献する人もいれば、自分の利益、保身のために利用する人もいます。お金を上手に使う人もいれば、お金に使われ、お金のために人をだます人もいます。

役職や地位、お金は、冒頭の牛や蛇が飲む水のようなものです。それ自体に栄養があるわけでも、毒があるわけでもありません。それを飲んだ人がミルクにも毒にも変化させてしまうのです。

水を毒にしてしまう人は「この水が悪い」と責任転嫁するのが得意です。「役職や地位やお金を目の前にちらつかされたら、だれだって欲が起きるのは当たり前でしょ。それを上手に使えなんて無理ですよ」と開きなおるかもしれません。

そういう人は、どんなものでも毒にしてしまう心のシステムを、長い時間をかけて作り上げてきたのかもしれません。こうなると、そのシステムを修理するのは大変です。

修理するには「これではまずい」と気づき、今までの自分のやり方を見直さなくてはなりません。見直しをすれば今までの自分を否定することになるので、とても勇気が必要です。毒にしてしまう人は、その勇気さえどうやって出したらいいのか、やったことがないのでわからない人が多いのです。

何かに出合った時「さて、私はこれをミルクにできるか」と、ふと気づけたらいいですね。なるべく毒にしないように気をつけましょう。

物事は平等に与えられている。大事なのはそれを使う人の心。

第二章

苦しい時の感性

地獄はあなたの心の中にしかない

私が不思議だと思うことの一つは、死んでから行く地獄があると本当に信じる人がいるということです。

「地獄へ行きたくなければ、私の宗教を信じなさい」は、地獄を信じている人には有効かもしれません。「刑務所へ入りたくなければ、悪いことはするな」は、自由を大幅に束縛される刑務所が実際にあるので効き目があります。

しかし、死後の地獄の存在を信じていない人に「地獄へ行きたくなければ」と嚇《おど》しても暖簾《のれん》に腕押し、糠《ぬか》に釘。「私は物理的な地獄の存在を信じていません。ですから怖くもなんともないので、あなたの宗教には入りません」と堂々と言われてしまいます。

日本に伝わっている仏教に、地獄と極楽の面白いたとえがあるのでご紹介します。

ある人が夢を見ます。道を歩いていくと正面に「地獄の門」と書かれた門があります。そこを進むと「地獄食堂」と書かれた体育館のような大きな建物があり、中から怒号が聞こえます。恐る恐る中を見ると、幅一メートルほどの長いテーブルの上に山海の珍味が山と盛られています。テーブルの両側に座っている人の前には長さ一メートルほどの箸《はし》。これを使ってご馳走を食べようとするので、正面の人の目を突き刺したり、横の人の顔や耳をつついたりして全員が入り乱れての乱闘状態。「なるほど、地獄というのは恐ろしいところだ」と思ってその場を離れます。

しばらく行くと今度は「極楽の門」。見た目は地獄食堂と同じですが、入り口に書かれているのは「極楽食堂」という大きな建物。中を覗くと、テーブルや料理や箸などは先程と同じ。しかし、テーブルの両側に座っている人たちは「あなた、何を召し上がりますか？」と向こう側の人に聞くと、その料理をつまんで相手の口へと運び、和気あいあいで食事を楽しんでいます。

夢から覚めた人は、地獄や極楽は場所のことではなく、人の心こそがその場を地獄にも、極楽にもするのだと気づきます。

古歌にも「恐ろしき鬼の住処を尋ぬれば邪見な人の胸に住むなり」「恐ろしき　地

獄の底の鬼とても　己《おの》が吹き出すものと知らずや」があります。

地獄の存在を信じてそこに行きたくない恐怖心から、悪いことはせず、善いことをする人もいるでしょう。しかし、それは所詮、恐怖を元にしているのです。「言うことをきかないとぶん殴るぞ」と脅されて、言うことをきいているのと変わりありません。

そうではなく邪心や悪心がなく、心おだやかな境地を目指していれば、それでいいのです。心に悪心が不在になれば「地獄からもしも使《つかい》が来たならば留守だと言って断ってやれ」という歌にも笑顔で共感できます。江戸時代後期の画僧と言われる仙厓《せんがい》作と伝えられる歌にも「よく聞いた　聞いた心に　腰かけて　地獄の釜で　一休みする」があります。仏の教えをよく聞いて、その教えのように心を保てば、地獄なんか恐れるに足りないという意味です。地獄はあなたが作り出すのです。


心おだやかな境地を目指していれば、死後のことを恐れる必要はない。

今のあなたの苦しみは、自分の体温に比べれば些細なことにすぎない

私が自分の体温の不思議さを意識したのは、冬の寒い日に墓前で拝んでいる時でした。合掌している自分の手が温かだったのです。

不思議なことですが、今日の気温はなんとなくわかっても、体温は触らないと感じられないのではないかと思うのです。他人が熱っぽければ手で相手の額に触ればわかります。おでことおでこをくっつけて確かめる場合もあります（親しい人以外でこれをやると相手が不機嫌になります）。

一日三回食事をすれば、その成分で熱が発生するというのですから、ありがたい体をもらったものだと思います。それをわかってもらうために、お寺に来る子どもたちに「君の体、温かいかい？」と質問することがあります。「そんなにすごい体をお母さんからもらっているんだから、お母さんに感謝だね」と言い添えます。

お風呂一杯にお湯を張って体を沈めると、お湯が溢れます。溢れた量があなたの体の体積です（重さではありません）。その量の水を二十四時間三百六十五日、三十五、六度に温めつづけるとしたら、どれくらいの電気代やガス代がかかることでしょう。それを私たちの体はご飯を食べるだけでやってのけるのです。

医学を志す学生たちは献体された遺体の解剖を行ないますが、山形大学医学部では学生たちの解剖実習の感想文を『解剖学実習感想文特集』としてまとめています。そこには、献体してくれた人たちへの感謝と同時に、生命の不思議さ、人体の緻密で複雑なシステムへの驚きと畏敬の念などが誠実な文章で綴られています。献体を勧めるつもりはありませんが、右の文集はPDFでインターネットにアップされているので、一度お読みになられるといいでしょう。

他にも、体の不思議な力を感じたのは、異常がある体の部分を手で押さえた時でした。子どものころ、転んで膝を打った時、大人が「痛いの、痛いの、飛んでいけ〜」と手でさすってくれると、不思議なことに痛さが和らいだものです。頭をぶつけた時も「イテッ！」と頭に手を当てます。けがや病気の処置を手当てと言いますが、私たちは手に何らかの治癒力があることを潜在意識で知っているのかもしれません。

このような人体のメカニズムについて、テレビ局が特集番組を作ることがあります。私はいつも興味深く観ますが、色々なことを知れば知るほど私たちの体はそのまま人体という宇宙のようだと思います。

そのためでしょう。宇宙のことを扱う番組も好きで、「ひょっとしたら、この宇宙は私が認識できないほど巨大な人間の体の一つの細胞の中に納まっているかもしれない」と夢想することがあります。同時に、私の体の中の赤血球一つの中に無数の星々で構成された大宇宙があるかもしれないとも思うのです。

「私は体の中に大宇宙を内蔵している」と考えるだけで、些細なことは気にならなくなります。

あなたの体には宇宙がある。小さなことではビクともしない。

あなたの嫌がる雨は、他の誰かの心を潤している

ある状況を嫌がる人もいれば、何とも思わない人もいます。それどころか、それを楽しむ人もいます。

できることなら、どんな状況も楽しみたいと願うのは人の常でしょう。そして、ともすれば、わがままになりがちな心をオールラウンドプレーヤーに仕立てるのに役立つのは、心に波風が立った時、ネガティブな感情が起きた時なのです。ネガティブな感情さえなくなれば、あとに残るのは何とも思わないか、楽しめてしまうかなのですから、世の中を楽に生きていく上でこれに勝るものはないでしょう。弱点を克服すれば怖いものがなくなるのは、心のあり方にも通じることです。

弱点を克服するのに役に立つのは「それもまたよし」としている人たちの感性を知ることです。本を読んだり、話を聞いたりすることで、「なるほど、そう考えればいいのか」と共感できることがたくさんあるものです。

私たちが頻繁に一喜一憂する天気のうち、雨を例にしてみましょう。

私は子どものころから雨が好きです。小学生の時は親に買ってもらった大きめの長靴の中で足が遊ぶブカブカ感を味わうのが好きでした。傘に当たる雨粒の音も好きで、大きな雨垂れが落ちる軒下へ傘をさしてわざと入るようなありさま。今でも、停まっている車内で、ルーフに当たる雨音にしばらく聞き入ることがあります。

大人になってからも、靴や服が濡れるのは不可抗力だと割りきっているので何とも思いません。お寺を次々にお参りする雨の日の巡礼もかさついた心を潤すにはいいものです。

日本人はお通夜やお葬式の時に降る雨を「涙雨」と呼び、親しい人の死を悼む雨として、上手に受けいれてきました。

「五風十雨《ごふうじゅうう》」は、作物が実るためには五日に一度の風と、十日に一度の雨がいいという農耕民族らしい言葉です（「五風十雨、土塊《つちくれ》を動かさず」とも）。「晴耕雨読」も、雨の日には雨の日の愉しみがあるものだという意味です。

晴れの日が続いた後に雨が降れば、挨拶の中に「よいお湿りで」を付け加えたくなるのは、乾燥肌の人ばかりではありません。

また、手が汚れれば水で洗い流すように、水はものをきれいにする力があるので、「魂が清らかでありますように」という意味でお墓に水をかけてお参りします。

ある傘職人が「雨の日が待ち遠しくなるような傘を作りたい」と言っていたのを聞いて、私は強風でも壊れない傘や、把手《とって》が日本刀の柄《つか》になっているもの、体が濡れないように軸が中心からずれてついている傘を買って、雨の日を楽しみにしています。

このように、雨を楽しむ心ができあがれば、「雨もまたよし」と、雨を受けいれられるようになります。後は、この手法を風の強い日、嵐の日、雷、雪などに応用すれば、全天候対応型の心ができあがるという寸法です。

雨が嫌いな人は、雨が好きな人にその理由を聞いてみるといいですよ。


「それもまたよし」と思う心が、楽しむ力を鍛える。

煩悩もまた心を満たす材料になる

多くの人が仏教で扱う煩悩を、たんに「欲望」とか「悪い心」のように思っていらっしゃるようですが、少し違います。仏教は悟りを目指しますが、それを邪魔する心を煩悩と言います。

私は悟りを「いつでもどんなことが起こっても心おだやかでいる状態」と考えています。ですから、欲望があってもそれで心が乱れなければ煩悩ではありません。新郎新婦が幸せになろうとする欲は、心が乱れるわけではないので煩悩とは言えません。

また、悪い心でもそれが後々まで心を乱さないなら煩悩ではありません。怠け心が起きても、怠けた結果リフレッシュできて心がおだやかになるのなら煩悩ではないのです。

仏教では悟りを妨げる煩悩について詳細な研究が行なわれました（現在でも奈良の薬師寺、興福寺などの法相宗《ほっそうしゅう》寺院がこの専門道場のようなものです）。

もし、心がおだやかな状態かどうかを試すテストが行なわれて八十点取ったとしたら、やるべきことは、八十点も取れてよかったと喜ぶことではなく、できなかった二十点分を勉強することです。二十点分をクリアすれば満点になります。

仏教が煩悩を扱うのは、できなかった二十点分の履修が目的です。私たちが学校でさんざんやってきたテストと同様に、できない課題を見つけることが目的なのですから、煩悩を毛嫌いする必要はなく、逆に煩悩に気づくことこそ心おだやかになるために大切なのです。

怠け心は、何をすべきか、すべきでないかがわからない「不正知《ふしょうち》」という煩悩が引き起こす心ですが、怠けたせいでその後の時間のやりくりがつかなくなってはじめて「自分の時間を作り出すために早めにやっておかなければならないことがある」と気づきます。煩悩があったから気づけたのです。

「掉挙《じょうこ》」は軽はずみになる煩悩を言いますが、浮かれ騒いだ結果テーブルのジュースをこぼしたり、人を傷つけたりすることもあります。その時に反省して「軽はずみになりそうになったら、周囲が見えているか少し冷静になる練習をしよう」と思えば、一歩悟りに近づくことになります。

しかし、せっかく煩悩が悟りの材料になるのに、それに気づかずに煩悩を野放しにして罪を犯し収監されて獄中の生活を送る人もいれば、今さら人生の軌道修正などできないと開き直って、一日の大半をネガティブな感情にふりまわされて愚痴や文句を言いつづける人もいます。もったいないと思います。目の前に心を満たすものがあるのに、むざむざとそれを取り逃がしているようなものです。

心を乱すことに楽しく対処するのは難しいかもしれません。しかし、かつて心を乱していたことが経験を積んで気にならなくなれば、「次はどんなことで心が乱れるのだろう」と煩悩探しが楽しみになっていきます。

煩悩からの気づきを集めて悟りに一歩近づく。

緊張するのは当然、あなたが正常だということ

人前で何かしなければならない人が私の横で「ああ、もう嫌だ。心臓がドキドキだ」と速い鼓動を抑えようと胸をとんとんすることがあります。その時、私が決まって言うセリフが「そのドキドキが止まったら医者か坊主を呼ばないといけません。幸いにも坊主はここにいますから、万が一の時は安心していいですよ」。

緊張を和らげるために申しあげるのですが、ほとんど役に立たないようです。私は「ドキドキするのは自然なことだ」とわかっていただきたいのです。

講演会などの打ち上げの席で「どうしたらあなたのように緊張しないで話せるのですか」と聞かれることがあります。

まるで私が緊張せずに話しているように思うのかもしれませんが、違います。私は目一杯緊張して話しているのです。その証拠にこれまでゆっくり話せた記憶がありません。ろくに息継ぎもしないで怒濤《どとう》のようにしゃべってしまうのです。話し終われば、

いつだって、軽い呼吸困難になっているようで、ハァハァ息をしています。

もちろん、極端な緊張を避けるために、講演内容のメモをポケットに入れておく、壇上を本番と同じ履物であらかじめ歩く、会場から自分がどう見えるか、会場の四隅から自分がしゃべる位置を見るなどの準備はします。しかし、それで緊張がなくなるわけではありません。

私に話し方を教えてくれたアナウンサーは、カルチャーセンターの話し方教室の参加者の男性から人前で緊張しない方法を聞かれた時に、こんな会話をしたそうです。

「冗談じゃない。緊張しないで話すなんて聞き手に失礼です。会場の聴衆をカボチャが並んでいると思えなんて無茶なことを言う人がいますが、ひどい話です。

昭和のある時期には、緊張のもとになっている恥ずかしさを除くために、街頭に出て大声で発生練習をさせる話し方教室がありましたが、これも言語道断です。話をする時は、適度な緊張は必要だし、それがとても大切なことなんです。

それに人前だと緊張するって言いますけど、奥さんの前でも緊張するんですか」

「いいえ、女房の前では平気です」

「ということは、奥さんは人じゃないことになりますよ」

話し方の真髄をユーモアを交えて説くベテランらしい対応だと思いました。

人前で緊張するのは当然のことですから、あとはその緊張を楽しめばいいのです。

私の場合は「こうして緊張できるのだから、まだ初《うぶ》な感性を持っているのだな」と一人ニンマリします。

大先輩のお坊さんは「ドキドキは、心の応援団が『ガンバレ！』って応援の手拍子をしてくれている音だよ」と教えてくれました。素敵な感性だと思います。

自分が追いこまれるような状況になったら、その状況を冷静に、多角的に分析して、自分の思いこみ以外の解釈をすると気が楽になります。

緊張でドキドキしたら、「心の応援団のエール」と思ってみてください。

心臓のドキドキはあなたの心の応援団。

善は悪の顔をしてやってくる

仏教の「善悪」の定義は結果論です。やった時点では、それが善か悪かはわからないとします。過去にやったことが現在や将来に心おだやかになるための役に立てば善、逆に時間が経過して心を乱す原因になったら悪とします。

今は「最悪だ」と思っていても、将来「考えてみればあのおかげだ」と思えることもあります。人生の最高体重を更新してショックを受け、食生活を改善したおかげで栄養バランスが整って健康になれることもあるのです。

逆に「やったー！　ラッキー！」と喜んでも、後になって「あのせいでこんなになってしまった」と後悔することもあります。可愛いからと犬を飼ったはいいけれど、必ず散歩しなければならないことにウンザリすることもあるのです。

チャンスがピンチに、ピンチがチャンスになることもあるということです。

何かに興味を持った、あるいは新しい仕事を任されたなどのチャンスを活かすには、積極性と同時に浮かれすぎないように慎重になれば、ピンチを招くことは少なくなり、だいたいどうにかなります。

そして、ピンチに出合った時には、「さて、このピンチをどう切り抜けるか」という前向きな対処法だけでなく、切り抜けた後に「今回の経験をどうチャンスに結びつけるか」を考えて、次に活かそうとする感性が大切です。

医学的な真偽は存じませんが、一度骨折して骨修復したところは折れにくくなると聞いたことがあります。マンガ『ドラゴンボール』の主人公の悟空は何度も死にますが、黄泉帰《よみがえ》るたびにどんどん強くなっていきます。私たちの心もそのような力を持っています。一度失敗して懲りたことは、同じ失敗をくり返しにくくなり、強くなるのです。

私は家族に相談せずにお寺でイベントをやって、家族に協力してもらえなかったにがい経験から、事前に関係者に相談する術《すべ》を身につけました。講演会で話す内容を一週間前に作った結果、昨日作った弁当を今日食べるような味気ない話になった失敗から、今では前日にメモを作り、さらに冒頭の話はその日に自分が出合って感じた一番新鮮なことを話すようになりました。

こうしたことが体験的にわかっていれば、ピンチに出合っても、それに対峙《たいじ》する勇気が湧いてきます。物事にとことん前向きな人は、こうした勇気が次々と湧いてきます。

その陰で迷惑をかけられて不平不満を募らせる人はいますが、前向きな人は立場が逆になって迷惑をかけられても、それを糧にして自分を磨く材料にしようとします。「このピンチを凌《しの》げなくても死ぬようなことはあるまい。生きていれば、またチャンスがやってくる」と、とことん前向きなので、弱気な人や心配性の人はとても太刀打《たちう》ちできません。

生きていればいくつものピンチがやってきます。その時に、どうしたものかとオロオロするばかりでなく、時間が過ぎた時に「あのピンチは私を育ててくれた」と思いかえせるように、少しでも前を向いて歩く訓練をしたいものです。

それが善いか悪いかなんて、人生が終わるまでわからない。

辛いことは三日、三カ月、三年で解決する

人生は順風満帆とばかりはいかないもの。時には逆風が吹き、どうしてわかってくれないのだと意気消沈、私は駄目だと自己嫌悪、もういいやと捨て鉢仏罰スズメバチ。周囲からの慰めも励ましも「人の気も知らないで」と門前払いするようなありさま。心やさしい人は、周囲の気づかいに素直に応《こた》えられない自分がさらに嫌いになり、心は浮力を失った魚のように暗い海の底へと沈んでいきます。

こんな時、「やまない雨はない」「雲の上にはいつだって太陽が輝いている」という言葉が、海面の波間から水中に射す光のように感じられる人がいるかもしれません。中には、「この光を道筋に海面を目指して浮上していこう」と思える人もいるでしょう。「禍福は糾《あざな》える縄の如し」とたとえの通り、世の中はいいことばかりではありません し、悪いことが続くわけでもありません。運と不運の綱引きは世の習いです。

しかし、そう納得したからといって、直面している問題が解決するわけではありま

せん。失敗は失敗として残り、あの人が言ったたったひと言が消えるわけでもありません。つまり、雨に降りこめられて困っているのに、やまない雨はないと思っても、雨雲の上の太陽を思い浮かべても（こうした状態を仏教では夢想と言います）、今降っている雨がやむわけではないのです。

この雨はいつかやむ、上空には太陽があるといくら思いこんでも、現実の問題に向き合わなければ心の停滞時間は長くなるばかりです。

私は、心が沈んで直面する問題に対応できない期間を三日、三カ月、三年と決めて対応することにしています。

三日間でどうにかするためには、意気消沈して落ちこむのが初日、二日目はどうしてこんな状況になったのか分析することに費やします。そして、三日目は分析結果を元にして、これからどうするかを考えて建てなおしを始めます。

三日でできなければ、三カ月を目処《めど》にします。三カ月は季節が変わる期間です。冬が春に、夏が秋になるのが三カ月です。気温や周囲の景色も変わるので、それにシンクロさせて自分の心を変えていくのに丁度よい期間です。

〝石の上にも三年〟の通り、世の無常を悟り、人の身勝手さを納得し、我が身のわがままさに気づいて、自分磨きをスタートさせるには、同じ季節を二回経験したあとの三年目が適しています。

「あの時、ああしておけばこんな結果にはならなかった」と後悔ばかりして、結果を放っておくのではなく、「三カ月後には、この嫌な事態を笑って人に言えるようになってやろう」と三カ月先のカレンダーをめくるのです。「考えてみれば、それで死ぬわけじゃないし、私のことをわかってくれる人が一人でも、二人でもいてくれたらそれでいいとわかった」と考え方を切り換えていくのです。

意気消沈してしゃがみこんでいないで、日の当たる場所に勢いよく戻ろうではありませんか。日陰と日なたの境目を越えるのは、たった一歩なのです。

苦しむ期間を決めておくと、人は前を向いて進んでいける。

自分の都合通りいかない時は、自分の心をチェックする

できれば嫌なことは避けて通りたいもの。しかし、都々逸《どどいつ》に「招く蛍は手もとに寄らず、払う蚊が来て身を責める」とあるように、すべてがこちらの思惑通りになるわけではありません。そんな時、仏教では外的な要因をどうにかするのではなく、自分の心のあり方をチェックして乗りきれと諭します。

チェック項目は三つ。「貪《むさぼ》っていないか、怒っていないか、愚かなのではないか」で、「貪瞋癡《とんじんち》」と言います。

心の奥底にひた隠しにしている闇を取りだすようで、最初は気が引けるでしょうが、心おだやかになるために通らなければならない道だと覚悟してやってみるのです。すると、オセロゲームの黒が白になるような面白さが実感できて「どうれ、このネガティブな心を晴れ晴れとした心に変えてみるか」とチャレンジ精神が湧いてきます。

貪りは、すでにあるものに満足できずに「より多くを求める」状態ですから、現状

のどこに不満があるのかをチェックします。お金、品物以外にも、愛などの承認欲求、効率性などにもチェック項目は広がるかもしれません。

とりあえず毎日食べるものに不自由していないのだから今あるお金でいい、すでに着きれないほど服があるのだから新しいものは買わなくてもいいと思えば、貪りの心は消えます。今でも充分愛されている、友だちはこれ以上増やさなくてもいい、効率性よりも精神性を優先しようと思えば、「今の私には他にやることがある」と、貪りから意識が離れて、すがすがしい気分になれることもあります。

瞋（怒り）は、自分の都合通りにいかない時に現れる荒々しい感情の波です。自分はAがいいと思っているのに、Bを主張する人がいると「どうして！」と怒りたくなるのです。この波を抑えるために多くの人は何とかして自分の都合通りにしようとしますが、相手にも都合があるのでなかなかうまくいきません。

そんな時は、こちらにはこちらの都合があるように、相手にも相手の都合があることをまず理解することです。そして、こちらの都合を引っこめることはできないか、つまり「（あなたの都合を）お先にどうぞ」と言えないかを考えるのです。

それが言えない場合は、相手が都合を譲らない理由を考えます。これまでの生き方や価値観などを考えれば、「なるほど、そのような生き方や価値観を持っているのだから、自分の都合を譲れないのは仕方がない」「この人なら我を押し通すのは当たり前だ」と諦めがついて、いつの間にか怒りの感情は薄れていきます。

最後の癡（愚かさ）は、前の貪りや怒りの二つを生みだす根源です。欲を少なくして足りることを知れば心がおだやかになることを知らない愚かさであり、自分の都合ばかりを優先させたいというわがままを発生させる愚かさです。これに気づくと首を振りながらにっこりして「私は、まだまだだな」と思えます。自分の愚かさに気づく感性は風（私は勝手に〝感性風《かんせいふう》〟と命名しています）となって、心を覆っていた雲を払い、心晴れ晴れと過ごせる日が増えていきます。

貪っていないか、怒っていないか、愚かでないか、
心を覆っている雲を払いましょう。

すべての後悔、失敗があなたを生かしている

「あなたの人生に無駄なことは一つもない」という言葉を目にすることがあります。素敵な言葉ですが、これは自分の人生を大肯定できた人のセリフで、いわば結果論。悩み、苦しんでいる最中の人にすれば、「無駄はないなんて冗談じゃない。この悩み、苦しみにいったいどんな意味があるというのだ」と言いたくなります。

しかし、自分の人生をふりかえってみれば、人を裏切り、人から裏切られたおかげで信頼の大切さを学んだでしょう。怠けて後回しにして自分が窮地に追いこまれ、他人に迷惑をかけた結果、やるべきことは早めに片づけておくことを学んだ人もいるでしょう。

誰かに悪口を言われて悔しく、その報復のために相手の悪口を言って品格を下げた経験から、悪口を慎むようになります。他人と比べて傲慢になり陰口を言われ、あるいは比べて自己嫌悪に陥った経験から、自分は自分でいいと割りきる覚悟ができるよ

うになることもあります。

このように、経験から何かを学べば、過去の失敗も挫折も無駄ではなかったということになります。古歌にも「悪《あ》しきとて　唯一筋に　棄つるなよ　渋柿を見よ　甘柿となる」があります。これ応用すれば、これからの人生で味わうであろう艱難辛苦《かんなんしんく》もつまずきも、扱い方次第で自分を高める材料になることになります。

自分の失敗ばかりが自分磨きの材料になるわけではありません。「人のふり見て我がふりなおせ」のように、他人の性格や言動を自分磨きの材料にすることもできます。

親孝行できなかったのを負い目にしている人に「あなたが生れただけで、親孝行の八割は終わっているんだよ」と諭す人を見て「私もこういうことが言えるようになりたい」と願う人もいます。

人の話を最後まで聞かずに「色々な意見があるだろうけど、結局はこういうことだよね」と偉そうに言ってのける人がそばいることで、それを反面教師にして「話の途中経過を御破算にするような『結局は』とか『要は』なんて言い方はやめよう」と気づく人もいます。

あなたがこれから歩いていく人生の道は一本道ではありません。ふりかえれば自分が歩いた道は広い場所の中の一本ですが、行く手には幅広の道が続いています。そこには、つまずくのに充分な穴や、落ちればなかなか出られない穴が散在しています。

しかし、今までの経験から何かを学んでいればその穴はふさがり、自動的に別の同種の穴がなくなり、つまずかずにすみます。

裏切りから信頼の大切さを学んでいれば、これから行く道にある「裏切り」という穴はすべてなくなります。怠けて窮地に追いこまれた経験から、さっさとやることを学んでいれば、この先にあった「怠ける」という穴も勝手に蓋《ふた》ができて平坦になります。

「羹《あつもの》に懲りて膾《なます》を吹く」ような歩き方をすれば、遠回りすることになりますが、それもまた人生。懲りたことを適度に教訓にして人生街道の落とし穴を埋めていきませんか。


経験から学べれば、自然と人生の落とし穴は埋まっていく。

第三章

あえて捨てる感性

「〜がいい」ではなく「〜でもいい」と考えると苦しみが減る

「人生は苦の連続である」と言われることがありますが、「そうだなよあ」とせつなさを苦笑いでごまかしている場合ではありません。人生が苦の連続になるのは、ある条件の時だけなのです。

その条件は、あなたがすべてのことを「自分の思い通りにしたい」と考えた場合です。

「苦（ネガティブな感情）＝自分の都合通りにならない」は仏教以前からのインドの思想ですが、この定義に異論のある人はいないでしょう。私たちが嫌だ、つらい、悲しい、頭にくる時のことを考えてみれば、すべて自分の都合通りになっていない時です。

雨が降って気分が落ちこむのは、「晴れてほしい」という都合が叶わないからです。恋が実らず、あるいは失恋して傷心の日々を送るのは、相思相愛を願っているのにそれが叶わないからです。

親子丼を食べたい時に食べるなどのように都合が叶うこともありますが、〝どこそこのお店の〟〝ふわとろの〟親子丼を〝お昼時に〟〝並ばずに〟食べたいと都合が増えれば、その願いが叶うことは稀です。「ふわとろじゃなかった」「混んでいて並んだので、結果的に食べられたのはお昼の時間をとっくに過ぎていた」などのネガティブな感情が湧き上がり、せっかく親子丼を食べたのにどこか物足りなさを感じるでしょう。

天気などの自然現象をはじめとして、生れる時代、性別、家庭環境などは私たちの都合以前のことなので、自分の都合が入りこむ余地がありません。また、人にはそれぞれ都合があるので、人間関係でもこちらの都合がスムースに通ることはありません。「お風呂、先に入って」「いや、まだやることがあるからあとにするよ」「いや、私もやることがある。せっかく沸かしたのだから入ってよ」「だから、こっちにも都合があるんだよ」という具合です。

このように〝自分の都合〟は苦を生みだすクセモノです。

仏教はこれを踏まえて「都合を少なくすれば苦は減る」とします。「～がいい」ではなく「～でもいい」と考えられるようになれば、人生の苦は大幅に減少します。どうすればそのように考えられるかについては、すべてのものに不変の実体はないと感じる空《くう》の教えなどが基本になりますが、それは別項でお伝えします。

苦を減らすためには、まず「これは私の個人的な都合である」と気づくことです。言い換えれば「ひょっとして、これは私のわがまま？」と疑えるかどうかにかかっています。

やりたいことをやれるようになった（自分の都合を叶えられるようになった）大人にとって、ハードルが高い気づきかもしれません。しかし、それに気づかなければ苦は減りません。自分の都合を自覚し、相手の都合を考慮して、自分の都合など大した問題ではないと気づいた時、心に余裕が生れて「お先にどうぞ」「では、お言葉に甘えて」と言えるようになります。

自分の都合を無くした分だけ、心に余裕が生れる。

精神的な疲労がたまったら、期待を減らしてみる

悲しいことや、悔しいことがあった時、友人に胸中を明かして共感してもらおうとすることがあります。「楽しみは二人だと倍になり、苦しみや悲しみは二人だと半分になる」という言葉がありますが、図らずもそれを実践しているのです。

「こんなことがあって悲しかった（悔しかった）」と愚痴とも相談ともつかないことを伝えると、心やさしい友人は「その気持ち、よくわかるよ」と理解を示してくれます。

そこで次に、「でしょ？　あなただって、そう思うでしょ？」と共感してもらうことからさらに一歩踏みこんで、同意してもらおうとします。

ところが、共感と同意は異なります。understand と agree は違うのです。「あなたが悲しいのはわかるけど、私ならそこまで悲しまない」「悔しいのはわかるけど、私ならそう考えない」ということがあるのです。

当人は、相手が自分に共感し、同時に同意してもらいたかったのに拍子抜けします。

「だって、さっき『わかる』って言ってくれたじゃないか」と怒りたくなります。

悲しく、悔しい経験をしただけでなく、そこにこちらの期待に応えてくれない落胆と怒りがミックスソフトクリームようによじれるようなものですから、心はとても妙な疲れ方をすることになります。

疲労には精神的疲労、脳疲労、身体的疲労の三種類があるそうですが、右のような疲労は精神的疲労です。多くはストレスが原因で、翌朝まで疲れが残るのが特徴だそうです。他人《ひと》ごとではありません。

こうした精神的疲労の解消法は、避難行動を取るか、原因になっているストレス自体に何らかの働きかけをするかです。しかし、自覚症状が少ないのも特徴だそうですから、まず「自分は何かストレスを感じている」と感性を働かせることがストレス解消、問題解決への第一歩でしょう。

そして、避難行動を取ります。ストレスになる人や物から離れるのです。手っとり早いのは楽しいことに没頭すること。お酒を飲む、動物園や水族館に行くなどは私が得意とするところ。ショッピングもいいかもしれません。

しかし、それでは根本的な問題解決にはなりません。そこで、勇気を出してストレス本体にアクセスするのです。

「私は友人に自分の悲しさを共感し、同意してもらいたいのか。そして、それは当然のことなのか。私のわがままではないのか」と考えることです。共感してもらえなくても話を聞いてくれればそれでいいと納得していれば余計なストレスは生じません。もともと、友だちとはいえ、相手はあなたに共感し、同意しなければならない立場にはありません。友だちだからこそ、異論を称えることがあっていいのです。

あなたの心は疲れても、同じ事態に置かれても疲れない人もいます。問題は事態そのものではなく、あなたの中の、わかってもらいたいと期待する心にありそうです。疲れたら、期待を減らしてみませんか。

相手の同意を求めなければ、物事を楽しめるようになる。

比較することより、比べなくてもいいことを見つける

人生で、誰かと比べることで自分のためになったことがどれくらいあったか数えたことがありますか。私はあります。そして、比べてよかったのは自分の励みになる場合だけということに気づきました。

「あの人に比べて私はまだまだ。努力してあの人のようになろう」と他人と比べ、あるいは過去の自分と比べて「昔は愚痴や文句を言わなかったのに、最近では不平不満の垂れ流しだ。もっと心を磨こう」と思い努力するなら、比べるのはいいことです。

しかし、励みになるどころか、優越感や劣等感しか生まないような比べ方はしないほうが賢明です。

人と比べて優越感を抱く煩悩を慢《まん》と言います。優越感にひたって他人をバカにする人は裸の王さまのようなもの。自分が優位な領域ばかりで人と比べて、自分の至らないところが自覚できなければ、向上できないばかりか、株を下げるだけです。

慢には他にも、他から見れば同等なのに自分のほうが勝っていると思う「過慢《かまん》」もあります。「最近の若い人って」と若者をバカにする年寄りによく見られる煩悩です。自分だって若い時は大した違いはなかったはずです。いわば五十歩百歩、下品なたとえで恐縮ですが「目糞鼻糞《めくそはなくそ》を笑う」です。

また、どう見ても本人よりも勝っている相手に対して、自分のほうが勝っていると勘違いする「慢過慢《まんかまん》」もあります。「あの人はスゴいとみんな言うけど、私がやればあの人よりできる」などの暴言はこの煩悩の仕業です。

他にも、すべては縁（条件）によって変化してしまうのに、自分はいつでも自分であると勘違いする「我慢《がまん》」、悟っていないのに悟ったと錯覚する「増上慢《ぞうじょうまん》」、人徳などないのに自分には徳があると見当違いなことを考える「邪慢《じゃまん》」など、我が身に照らし合わせるとすくみ上がるような慢がザクザクあります。

また、自分より勝っている者に対していだく劣等感も「卑下慢《ひげまん》」として慢の中に分類されます。

比べることを相対と言います。何を比べるかによって価値は異なります。たとえば、刃物の切れ味を比べれば、カミソリの刃や日本刀はすぐれているでしょう。しかし、何を切るかによってははさみが優勢になることも、出刃包丁や刺身包丁が優勢になることも、あなたの口から出る言葉が人の心を鋭く切り裂く場合もあります。

比べることの土台があやふやなのですから、それにふりまわされて生きていれば、一度しかない人生を右往左往して終わる羽目になります。

自分の傲慢さや、卑下する気持ちに気づいたら、まず「比べていないか」と表彰台に立った自分をイメージしてみてください。上や下と比べても、あなた自身の力が増えたり減ったりするわけではありません。慢にふりまわされている私たちがやったほうがいいのは相対の中ではなく、他と比べなくてもいい、絶対評価した自分に気づくことです。

人と比べたところで、
あなたの能力や価値は増えたり減ったりしない。

人が気づかないことに気づく力が、自然と頭を整える

色々なことがほぼ同時に起こり、優先順位をつけて順に対処しても、次にやることを考えて、頭をかかえて大きなため息をつくことがあります。

目の前に散らかっている大小さまざまな事態にどう対処したらよいか、どこから手をつけたらよいかわからずに、ただオロオロするばかりで頭の中で細かいおもちゃが入った箱がひっくり返ったような状態です。

そんな時に、心のカオス（混沌）を整理する方法があります。考えて整理しようとするのを放棄して、「気づき」という感性を働かせるのです（かつて先輩のお坊さんからアドバイスされた「悪い頭は使わないほうがいい」と同じです）。

私は、自分で見聞きしているはずなのにそれに気づかず、誰かに先に気づかれてしまうと「ありゃ、情けない」と自虐的な笑みをこぼします（周囲は気味の悪い坊主だと思っているでしょう）。

部屋に昨日までなかった花が飾られていたら、誰よりも先に「おっ！　きれいな花だね」と言いたいのです。誰かが言ってから気づくようではいけないと思っています。頭の中がゴチャゴチャになって、にっちもさっちもいかないと感じたら、散歩に出ます。帰宅すると、何から手をつければいいかわかることが多いのです。毎日見ているような風景がそこにありますが、そんなことはありません。気づこうと思って歩を運べば、たくさんの気づきがあるものです。

昨日まで気づかなかった花が道端に咲いていることもあります。

何気なく通りすぎていた植え込みにある握り拳《こぶし》大の石にも気づくでしょう。

近所をノソノソ歩いている野良猫のニューフェイスに気づき、姿を見かけなくなった風格ある長老猫のことを思いだします。

歩行者用の信号で止まれの人物の頭部は十個のＬＥＤで表されているのに、歩けのそれは八個（全国共通ではないでしょうが）だったことを発見した時は、思わずニヤリとしました。

家にいるとこうしたことに気づきにくいものですが、外に出ればいくらでもチャャンスはあります。

それを誰よりも先に気づく訓練を、楽しみながらするのです。誰かに先に言われるようではアウトです。「あそこに新しいお店ができたね」「えっ？　その前をさっき通ったけど気づかなかった」では駄目なのです。もちろん、そんなことに気づいたからといって賞金がもらえるわけでもないし、ご飯のおかずになるわけでもありません。

しかし、こうした感性を一日に三十分でも働かせると、不思議なことに、堂々巡りしていた思考が整理されます。私の場合、行き詰まって散歩して帰宅したら、何をどう片づけていけばいいか明確になるのです。バラバラだった紙を束ねて平らな場所でトントンするときれいに揃うように、思考を超えた「気づき」という感性が思考を整理してくれるのです。あなたも、誰よりも早く気づく訓練をしてみませんか。

がんじがらめになったら、他のものに目を向けてみる。

どうしようもないことは心配しない

このままだと自分の将来どうなるのだろう、あの人はどうなってしまうだろう、と先のことを心配したくなることがあります。そこで困らないように準備しておくことはとても大切。いわば危機管理です。

定年、年金生活、病気、独り暮らし、自然災害などもその対象になるでしょう。

定年になってやるべきことがなくなったら、どうやって毎日を暮らすのか、そのために今のうちから趣味を持とうとする人がいます。

年金生活になったら今の生活は維持できなくなるだろう、だから今のうちから節約してお金を貯めよう。そして、浪費癖は今のうちに直しておこうと準備する人もいるでしょう。

病気にならないように、健康的な生活をしようと努力する人もいるでしょう。

独り暮らしの寂しさに耐えられるように、無人島暮らしをイメージして誰かに頼らなくても、評価されなくてもいい自己肯定感を養うことに時間を費やす人もいます。自然災害の時に一週間は困らないように、食料などの備蓄をおこたらない人もいるでしょう。

こうしたことは、いわゆる「転ばぬ先の杖」で、堅実な生き方につながります。ところが、心配ごとを回避する算段もせず、いざそうなった時の対処法も考えずに、ただ「あの人から嫌われたらどうしよう」「失敗したらどうしよう」とオロオロする人がいます。

こういう人は、嫌われたらどうするか、嫌われないようにするためにはどうすればいいかを考え、失敗したらどうするか、失敗しないようにするためにはどうするかを考えればいいのですから、まだ大丈夫。心配の先に光が射す余地があります。

その点、お先真っ暗なのは、自分の力ではどうしようもないことに心を注ぐ人です。「雨が降ったらどうしよう」と心配したら雨の場合のことを考えておけばいいのですが、「雨が降りませんように」と心配しても仕方がありません。

戦争が起きませんようにと祈り、心配しても、一般人がどうこうできる問題ではありません。持ち株価格が心配で「株価が下がりませんように」と心を砕いても、個人の力でできることはたかが知れています。

将来の心配ごとの例ばかり書きましたが、将来の夢でも同様です。先のことばかり考えていれば、足元が見えず、今を生きていることにはなりません。

将来の夢も心配ごとも、いつでも〝今、現在〟の延長上にあります。〝今を生きる〟ことをおろそかにすれば、夢に到達できる可能性も少なくなり、いつまでも遠くから眺めることになります。

将来のことばかりに思いが及ぶようなら、今の自分にできることがあるのかを考え、今の自分には何もできないとわかれば潔く「なるようになる」「行き当たりばったりだ」と臨機応変を旨としておくしかありません。

今の自分にできることをやり、何もできないなら潔く何もしない。

分別が人を苦しめる

日本語の「分別」は「ものごとをわきまえる」という良い意味で使われますが、仏教語のそれは「主観によって区別して分析してしまい、ありのままの姿が認識できない」状態。同様に日本語では「分別が無い」は思慮が足りない意味ですが、仏教では、無分別《むふんべつ》こそ、ものごとをありのままに見る智恵を表します。

たとえばピカソの絵の中に、正面から描いたのか、横からなのか、上からか下からかが判断できないものがあります。一見、子どもが無茶苦茶に描いたような絵は、対象を多角的に見て表現するだけでなく、精神を含めた目に見えない部分まで一枚の中に表そうとした結果できあがったものと言われています。

人物を正面や横顔などで描くのは分別した絵で、本質を捉えていないと考えたのです。ピカソの絵は真実の姿を無分別の眼《まなこ》で観察した結果と言えるでしょう。

私たちが物事を認識する工程は、まず眼、耳、鼻、舌、皮膚の五官で受けとり、その情報が脳に送られます。そして、それが何かを、個人的に脳内にストックしている過去の膨大な情報に照らし合わせて認識し、喜怒哀楽などの感情を抱きます。

この本の一ページの紙にしても、見た目から「これは紙だ」とわかります。さらに紙も多量になればとても重い、紙で皮膚を切ると鋭い痛みを感じるなどが、過去の経験から思い起こされます。目で見た紙の情報が脳に届いた時点では白い、薄い（これもすでに分別ですが）など映像情報があるだけです。それを紙と認識するには、極めて個人的で限定的な過去の情報が元になっています。さらにそこに付随する感情はとても主観的なものです。

こうしたことが音、香り、味、皮膚感覚すべてで起こっているのですから、私たちは分別が服を着て歩いていると言っても過言ではありません。

仏教では、そうした分別が心を乱すと分析し、分別から離れることを勧めます。

「お金があれば幸せだと思って（分別して）いたけれど、お金への欲が家庭や家族を崩壊させることもあるのだ」と思い知らされることもあります。

私は、お金は手段であって目的にはならないと思っています。おかげでお金は使うもので、使われるものではないという結論に達して心が楽になりましたが、その結論にしても、まだ分別の領域に留まったものでしょう。

さらに、生れてから周囲の環境に影響されて、ものごとを「これはこういうものだ」という一面でしか捉えられないようになってしまうと、真実の姿どころか別の側面にさえ気づかなくなってしまいます。

仏教の宗派の中で、分別から離れることに特化した修行をしているのは禅宗ですが、禅寺で修行するのはハードルが高い人と思う方は、一日二回以上駄洒落を言うノルマを自分に課してみてください。一つの言葉に別の意味を持たせる訓練です。

こうした無分別の教えは「こだわりを捨てる」「観自在」などの教えともリンクして、あなたの、これからの人生を広く、大きなものにしてくれます。

一日二回以上駄洒落を言って、分別から離れる。

すべてがなくなったとしても縁は残る

仏教では、すべては原因に縁が加わって結果になるという因果、縁起を説きます。植物なら、種という原因に、水と光の縁が加わって、結果として花が咲くという具合です。言い換えれば、結果の中に縁と原因が包含されているということです。

結果ばかりに注意が向くと、その中にある原因も縁もなかなか感じとれないものですが、それに気づく感性を持っていたほうが、人生はずっと豊かで、幅広いものになります。

仏教ではお経を唱える前に心構えを述べた『開経偈《かいきょうげ》』という短い文を唱えます。

無上甚深微妙法《むじょうじんじんみみょうほう》〔無上甚深微妙の法は：この上なく深遠で言葉では言い表せないほどの教えは〕

百千万劫難遭遇《ひゃくせんまんごうなんそうぐう》〔百千万劫にも遭い遇《あ》うこと難し：百千万劫という長い時間の中でも出合うことは難しいものです〕

我《が》今見聞得受持《こんけんもんとくじゅじ》〔我、今見聞し、受持することを得たり…（その教えを）今、私は見、聞き、受け、保つことができます〕

願解如来真実義《がんげにょらいしんじつぎ》〔願わくは、如来の真実義を解したてまつらん…願わくは、仏の説く悟りの世界を得心できますように〕

二句目に「百千万（億）劫」という言葉が出ています。日本語で面倒くさい時に「億劫《おっくう》」と言いますが、「劫」はインドで考え出された時間の単位。諸説ありますが、縦横高さがそれぞれ四キロある巨大な岩の上に百年に一度天女が舞い降りて、薄い羽衣で岩をサッとひと撫でして天に戻っていきます。薄い羽衣ですが触れれば岩が少し削れます。こうして岩が削れて完全になくなるまでの長さを一劫と言います（一説には約五十億年）。

仏教は二千五百年前にお釈迦さまが提唱した教えです。始まりもなく終わりもない時間の中では二千五百年前などは少し前のこと。少なくとも、この二千五百年間に生まれた人でないと仏教と出合えませんでした。さらに、仏教が伝播した地域にいたから仏教を知ることができました。これが人々と仏教の縁です。

このように結果を導き出すための縁には、わかりやすい縁もありますが、隠れている縁もあります。過去二千五百年間に生れていないという縁と、仏教が広まった地域で暮らしていなかったという縁の人は仏教と出合うことはできません。あなたが本書を読んでいる縁の中には、虫や魚に生れなかった、他に読まなければならない本がなかった、死んでいなかったなどの〝なかった縁〟もあるのです。

あなたが今、結果としてここにいるためには、血縁のある先祖やその他の有縁の人々と縁があります。そして、あなたが死んだ後も多くの縁がつながっていきます。

蜘蛛《くも》の巣を作った蜘蛛がどこかへ行ってしまっても、蜘蛛の巣が残っているようなものです。「人は死して縁を残す」は私が作った言葉ですが、お墓参りに行った時に思いだしてみてください。

結果ばかりに注意を向けず、その中にある原因や縁に注意を向ける。

第四章　人間関係をよくする感性

みんなから好かれる必要はない

いい大人になったのに、いまだに「いい人になろう」と思って苦労している人があなたの周りにいませんか。

この場合の「いい人」は、他人から見たいい人という意味ですから厄介です。何をするにつけても「今の言動はどう思われただろう」と気にし、一人になると「どう思われただろう。嫌われなかっただろうか」と不安になります。

いい人と思われれば気持ちはいいでしょう。嫌われることも少なくなるので他人と衝突する機会も減ります。私も結婚するまでは、やみくもに「いい人」を演じていた気がします（いい人でないと結婚してもらえないと思っていたのです）。

当時の私が思い描いたいい人は、みんなを楽しませ、喜ばせる人でした。

ところが、実際に私の周りにいるいい人は、人を喜ばせることよりも、人の嫌がることをしないことに重きを置いている人たちばかりだと気づいて愕然《がくぜん》としました。冗談やユーモアをまき散らしている私は、とてもいい人にはなれないとわかったのです。ちょうどそのころ、仏教が目指しているのはいい人になることではなく、いつでもどんなことがあっても心がおだやかな人（仏）であることも知りました。また、私がいい人になろうとしていたのは、「嫌われたくない」というネガティブな感情の裏返しだと気づきました。人から好かれるからいい人になろうとしていたのではなく、嫌われたくないという一心だったのです（とことん、他人任せの人間になろうとしていたのです）。

人から好かれれば心はおだやかでいられます。逆に嫌われれば、おだやかではいられません。しかし、仏教は「嫌われても心おだやかでいる」ことを目指します。そんなことが可能なのでしょうか。

それは、会議などで同席したメンバーが自分のことをどう思っているかを考えれば、すぐにわかります。どう思っているかは、自分のことを1．好きである。2．嫌いである。3．好きでも嫌いでもない（つまり何とも思っていない）の三種です。

全員に好かれることはありえません。控えめな人が好きな人もいれば、同じ人を消極的だと批判する人もいます。理路整然と話題を展開する人に好感を持つ人もいれば、「話し方に遊びや余裕がない」と厭味《いやみ》を言う人もいるのです。そして、何とも思っていない人もいます。

これがわかれば、「まあ、私を嫌う人だっているわなぁ。それは仕方がないわい」と心おだやかでいられます。

「こんな生活がしたい」と夢見るのも大切ですが、もっと大切なのは「どんな人になりたいか」だと思います。みんなから好かれる人になれないのは明らかですから、あなたも心おだやかな人を目指してみませんか。これは人の目を気にしなくていい生き方です。相変わらずいい人になろうとしている人は、自分がどれほど他人の目を気にしているかに気づいて、人生の軌道修正をしてみるといいかもしれません。

心おだやかに生きれば、人の目を気にしなくなる。

おかげさまに気づく力をつける

私たちは、ともすると表面ばかりに目を奪われがちです。

昔から言われる「風が吹けば桶屋《おけや》が儲かる」という話では、「桶屋にたくさん人が来て桶を次々に買っていく」現象が表面で起こっていること。この現象に「桶屋は儲かっていいなぁ」と羨《うらや》ましさをおぼえる人がいます。

しかし、最近桶屋が儲かっている大きな原因の一つに、数年前に吹いた強風が関わっていることに考えが及びません。

風が吹いたので、埃が舞い、それが目に入って目が見えなくなる人が多く出ました。目が不自由になった人の多くが三味線の弾き語りをして生計を立てました。三味線が売れるので、胴に張る猫皮が必要になり猫が捕獲されます。天敵の猫が少なくなるのでネズミが増えます。ネズミは伸びた歯を削るため、あるいは餌《えさ》を求めて桶をかじり、桶に穴が空きます。こうして桶が使い物にならなくなった家が桶を買いに行くので、桶屋が儲かります。

物事には裏があると言ってしまえばそれまでですが、心おだやかになるために、物事の裏側に思いを馳《は》せる感性は大切です。

羨ましいと思う人がいたら、ただ羨ましがっているのではなく「この人はどうしてこんな素敵な人になれたのだろう」と推測してみるのです。おそらく今まで経験したことを無駄にせず、自分磨きの材料にしてきたであろうことは想像に難くありません。そこから、自分も経験を糧にしていこうと思えます。

自分で自分を褒めてあげたいと思ったら、「私はどうしてこうなることができたのだろう」と思いを馳せるのです。そうすることで、自分だけの力ではなく、多くのおかげに気づけて、感謝して過ごせるようになります。

この方法は、「あの人はどうしてあんなになってしまったのだろう」「私はどうしてこんなになってしまったのだろう」と否定したくなる場合にも使えます。

「あの人がこんなになってしまったのは、自分の中で上手に処理できないほどつらいことがあったのだろう」と予測することで、同情できるようになります。

「私がこんなになってしまったのは、あの時のことが原因だ。それをそのまま放置していたせいでこんなになってしまったのだ。しかし、今からでも遅くない。過去の失敗を教訓にして、これからは笑顔で生きていこう」と思えるものです。

今日、花が咲くのはかつて種が蒔《ま》かれ、そこに水や養分、太陽の光を受けたからです。

目の前の表面的なことにとらわれず、その裏側に思いを馳せられる心の余裕を持ってください。

同時に、現在自分がやっていることが、将来の自分という花を咲かせることになることを知って、今の自分に水をやり、養分を蓄え、周囲からの光をあびている日々を楽しむ心の余裕も持ってください。

今日、花が咲くのは、かつて種が蒔かれ、
そこに水や養分、太陽の光を受けたから。

だれもが芸術を理解したがるのに、なぜ鳥の歌を理解しようとしないのか

世の中には「どうすれば、こんなものができるのだろう」と思うものがたくさんあります。東京スカイツリーや長大な吊り橋、他にも素人にはほとんど意味のわからない巨大なモニュメントなどの芸術作品もあります。

デザインを含めたそれを造り出す発想や、造り上げる技術に感心しながら、その前でしばらく時間を過ごす人は、私を含めて少なくないでしょう。

制作者の着想や技術などにあれこれ想像をめぐらしても、なかなかわかりませんが、人の知恵と技術力の可能性には驚嘆せざるをえません。しかし、驚いたあげく、自分にはその力がないことを嘆く必要はありません。私たちはだれもが力を内蔵しているのです。

だれもが驚くような巨大な建造物や芸術作品だけでなく、私たちの周囲にあるほと

んどのものは、膨大な知恵と技術の蓄積が結晶化して生みだされたものです。コンピューター、スマホ、テレビ、掃除機、自動車なども、一から自分で作ってみろと言われて作れるものではありません。かつて、「お前さんはマッチ一本作れない」と言われて、自分がいかに多くの人の恩恵を受けているかを実感したことがあります。一つのものができあがるには、膨大な縁が必要なのです。

その縁に思いを馳せるのが好きなのですが、箱根の彫刻の森美術館に行った時のことです。常設のピカソ館で、一枚の絵の下に掲げられたピカソの言葉にハッとしました。「だれもが芸術を理解しようとする。しかしなぜ鳥の歌を理解しようとしないのか。人が自分を取り巻く全てのもの、夜や花を理解しようとしないで愛せるのはなぜだろうか。なぜ絵画に限って人は理解したがるのだ」

静かな夜や可憐《かれん》な花、そして鳥の声など、あなたの身近にあるものにも、巨大建造物や芸術作品に対面した時と同じように、関心を持ってごらんなさいというのです。

最も近いものはきっと、自分自身です。完成しない、いつでも発展途上の我が身に、もっと関心を持つ時間があっていいと思うのです。別項でお伝えしたように「私はどうしてこんなふうになれたのだろう」「どうしてこんなになってしまったのだろう」と思うのです。生れてから作り上げてきた〝自分〟を一つの作品と考えてみるのです。

『般若心経』というお経は、お釈迦さまが弟子の舎利子《しゃりし》に教えを説く形式で書かれています。その冒頭でお釈迦さまは、観自在菩薩が知恵の力で自分自身を深く観察した結果、体や心には不変の実体がないという空《くう》を悟り、とらわれの心がなくなり、一切の苦悩がなくなったと説きます。

最も身近な自分の中に、悟るための材料が詰まっているというのです。目を見張るような巨大な物や、自然の驚異ばかりに驚くのではなく、自分という創造物に、もっと関心を持ってみませんか。

自分を一つの作品だと考えれば、大切にできるようになる。

喜び、素晴らしいと思ったことを人に贈れば、二倍になる

「自分がされて嫌なことは、他人にしてはいけない」は、子どものころにだれでも教えてもらう、人として生きる〝当たり前〟のこと。「我が身をつねって人の痛さを知れ」と同じです。

当たり前のことですが、この感覚が肉となり骨となるには時間がかかります。「自分が嫌な思いをさせられたのだから、人にも同じ思いをさせてやる」と、嫌な思いをさせた本人ではなく、別の人に対して刃を向ける人は少なくありません。

嫌な思いをさせた人間に対して同じことをすれば復讐になり、他の人に向ければいじめになります。

復讐やいじめのような卑劣で陰険な手段に訴えず、「あんな思いをするのはもうごめんだ。だから、あの人とは距離をおこう。あの人がいる場所に行くのはやめよう」

と、自分の中で完結させる人もいるでしょう。

慈悲を象徴する観音さまと前世で兄弟だったと言われる勢至《せいし》菩薩は、「自分が嫌な思いをしたら、他人にその思いをさせてはいけない」と説きます。嫌な思いを自己完結させずに、他人に同じ思いをさせないための予防行動を取れというのです。

誰かに嫌な思いをさせられて、別の人がその人に会うのを知ったら「あの人には気をつけたほうがいい」と忠告しておくのです。自分が気まずい思いをした場所があったら「あそこに集まる人は生真面目な人が多いから、その場をなごませようとして、話を茶化したり、冗談は言わないほうがいいよ」という具合です。

自己完結させないというこの方法は、素晴らしいと感じたことにも使えます。

ＳＮＳでは、自分が体験して感じたことを書く人がたくさんいます。「どこそこに来ています。この景色、きれいです」「今日のランチ、最高！」など、自己満足の押し売りには閉口しますが、何をどう感じて景色がきれいだったのか、ランチがどうして最高だったのかを自分なりに分析して伝える感性を持っていれば、素晴らしさがより深く心に定着していきます。

「どこそこに来ています。この景色にはどこにも嘘や偽りがありません。だから、きれいだと思うのでしょう」「今日のランチは注文してからテーブルに運ばれる時間が短くて最高。味も、作った人には悪いけど、お腹がすいているので最高。一緒に食べている仲間も最高――って、これだけ最高を安売りすると、最高の価値などほとんどなくなってしまうと思う」くらいまで、自分の心の中で掘りさげたものをアップすれば、自分の肥やしになるだけでなく、他人にも伝わりやすくなります。

「あの人は何をやるにしてもひたむき。だから好きなんだ」「芝生は人に踏まれてもへこたれない。見習いたいと思った」と、自分が素晴らしいと思った理由を加えて伝えることで、共感してもらえることも多くなります。

素晴らしいと思ったことも自己完結させないで、周囲に広げてみませんか。

素晴らしいことも、嫌なことも自己完結させない。

期待のこもっている親切心なら持たないほうがいい

自分のために何かやって、期待した結果が得られなかった時に「せっかくやったのに」とガッカリするのは仕方ありません。

しかし、自分が他人のために何かして、期待した結果が得られない時に「せっかくやってあげたのに」とガッカリしたり、愚痴や文句を言うのはやめたほうがいいでしょう。

理由その一――相手にしてみれば「してあげた」というフレーズを聞いただけで、「そんな言い方をするなら、やってくれなくてもよかったのに」と言いたくなります。

理由その二――自分が勝手に「こうしてあげたら、こうなるだろう」と期待をしていただけで、相手があなたの期待に応えられるかは、別の問題です。

理由その三――あなたがやったことは親切の押し売りだったのです。慈悲は「お節介」の異称でもあります。お節介の行き過ぎをコントロールする知恵を持ち合わせていなかった我が身を反省すればいいのであって、文句や愚痴を言うのはお門《かど》違いです。「お節介なのを承知で、私がやりたいからやっただけ。それに報いてもらおうとは思っていない」と覚悟をして、こだわりのない、さわやかな顔をして、慈悲心を発動したほうがいいのです。

きつい書き方をしましたが、ここまでお読みになっても、何かをしてあげたのに相手がそれに応えてくれないことに憤りをおぼえるなら、この先も、あなたの妙な親切心のおかげで大勢の人が傷つくのを覚悟したほうがいいでしょう。

仏教で説く布施（施しを広げる）の語源はダーナ（音写されて旦那）。布施は条件付けをしないで何かをすることです。それは「させてもらう」ことであって、「してあげる」ことではありません。

ところが「してあげたのに」は、「してあげる」が元になっている時点で布施ではなく、さらに「こうしてあげたのだから、こうなるべき」という条件をつけているのですから、とうてい布施とは言えません。

「私はそんな難しい布施をしようとしていません。ただ、あの人のためにしてあげよ

う と思っただけです」とおっしゃりたい人がいるのは存じています。

仏教の布施は、いつでも、どんなことが起こっても心おだやかでいるための代表的な教えの一つです。

多くの先人たちが、こちらの期待に応えてほしいという条件付けをした上に「してあげた」と考えて、結果的に心おだやかでいられなくなるという膨大な失敗事例から導きだされた教えと言っていいでしょう。

慈悲というお節介の心は、人の本能のようなものです。使い方次第で、自分の心もおだやかになり、人助けにもなります。しかし、他人に対して「～してあげたのに」という言葉が出たら、慈悲の使い方を間違えているかもしれないと疑う感性を持ってみてください。独りよがりは要注意です。

親切心も行き過ぎると相手を傷つける。

魂は変えられないかもしれないが、性格は変えられる

「三つ子の魂百まで」は、三歳までに作られたその人の性質は一生変わらないという意味で、「あの人が控えめなのは子どものころからですよ」「私は昔からせっかちなんですよ」などとともに使われます。良くも悪くも、「この性格は三歳までに形作られた核のようなもので、今さら修正できるはずもなく、どうしようもない」と、現在のその人の性格を納得させるために使われますが、本当にそうなのでしょうか。

軽度のパーキンソン病気でメスが握れなくなった外科医のS先生が、ヨガから瞑想、そして仏教に興味を持ち、私が住職をしているお寺の読経会や法話会にやってくるようになりました。

当時、私は自分や知り合いが認知症になった時のことを考えて、その関係の本を読んだり、話を聞いたりしていました。その中で、認知症患者の施設でボランティアをしているご婦人が「三つ子の魂百までって言いますけど、あれは本当ですよ。わがま

まな人は気に入らないことがあると、すぐに怒りだします。控えめな性格の人は、いつもオドオドしているんです」と話してくれました。認知症になれば、性格まで変貌してしまうだろうと漠然と考えていた私はショックでした。どんな時にどんな反応をするかという感情や性格は認知症になっても残るというのです。

生きる上で、人前では封印しておかなければならないものが、認知症になったせいでその封印が解けたとしたら大変です。人前で偉そうに法話をしている私が、「仏教のブの字も自分から学ぼうとしないで、最近の寺は、坊主は、仏教は……なんて勝手な批判ばかりしやがって」と口走る可能性があるのです。

そんなことに恐れおののいている時、S先生が来ました。私は「認知症になってもその人の性格は残るものですか」と尋ねました。すると「残りますね」と残念な答えが返ってきました。そこで聞きました。

「先生、人の性格っていうのは治らないものですかね」「いや、治るでしょう」「えっ？　治りますか？」「だって、それを仏教で〝修行〟って言うんでしょ？」

まったくその通りだと思いました。もし、自分の性格が嫌なら、瞑想して、そのようになった原因をとことん考えるのです。

心配性の人は、多少の波風があってもそれを乗りこえる精神力を養えばいいと気づくかもしれません。短気な性格をどうにかしたい人は、世の中は自分の都合通りにならないことのほうが多く、結果が出るのに時間がかかってもたいした問題ではないと、心の底から納得するのです。

残念ながら他人の性格は変えられません。のんびりしている人に苛立《いらだ》っても、本人が「のんびりなのもいい加減にしないと」と自覚しなければ、どうしようもないのです。

自分の性格が嫌でも「でも、性格は変わらないからなぁ……」と諦めなくていいですよ。何が原因でそのような性格になったのかを考えて、その問題を分析し、別の対処やアプローチをすることで、性格は変えられるのです。


自分の嫌な性格は、意思でどうにでもできる。

ただし他人は変えられない。

人との距離を縮める勇気を持つ

世の中は出しゃばらず万事控えめがいい、そのほうが他人と余計な衝突をしなくてすむと考える人がいます。ある意味で、自分の都合よりも相手の都合を優先させて「(あなたの都合を)お先にどうぞ」と言って(思って)いるのですから、おだやかな心でいられるでしょう。

しかし、遠慮もほどほどにしておかないと、主義主張がなく頼りないと思われてしまうこともあります。本人にすれば「相手のことを慮《おもんぱか》って、あなたの主張を優先させますよ」という主義のもとにやっているので、これはこれで頼もしいのですが、それを相手にわかってもらえない場合があることを知っておいたほうがいいと思うのです。

一つのお皿に盛られた料理の最後の一口は、俗に〝遠慮のかたまり〟と呼ばれます。誰かが食べたいかもしれないと全員が遠慮し合って、手を出しません。

中学生の時に、親戚の家の食事に招かれました。叔母の「最後に残った一つを食べるのは勇気がある人だよ」という言葉を鵜呑《うの》みにして、最後に一切れ残ったカラアゲを頬張って勇者になった気がしました。叔父と叔母は嬉しそうでした。

こうしたことがあったので、五十歳を過ぎるまで、勇気を見せるために最後に残った一口を食べていました。しかし、若い友人と食事をしている時に、勇者気取りで最後の小籠包をパクリと口に入れると、隣にいた家内に「あなたがご馳走するんだから、最後は遠慮して、お客さんに譲るのが礼儀でしょうに！」と怒られました。

遅まきながら、遠慮しなくてもいい時と、遠慮したほうがいい時があるのを学んだのです。

時代劇などで旅をするやくざが地元の親分のところに厄介になる時、「お控えなすって」と言います。突然やってきた人が家の者に向かって「控えてください」と言うのは変ですが、実はこの言葉の前に、（突然やってきて申し訳ありませんが、これから私が自己紹介をしますので聞いてください。そのために）が省略されています。

言われたほうは「（私のほうから自分がどういう素性の者か言いますから、お客さんのあなたがまず）お控えなすって（私の話を聞いてください）」と答え、それを双方が三度くり返すのが作法だったと『江戸やくざ研究』（田村栄太郎著・雄山閣）にあります。そして、客の四度目の「お控えなすって」を聞いて、ようやく親分側が「それでは控えさせていただきます」と妥協して「早速のお控え、ありがとうございます。手前……」となるのだそうです。双方が三度遠慮し合うのは、明日の命さえわからない人同士が初めて会う時の礼儀なのかもしれません。

しかし、遠慮もほどほどにしないと、相手を信頼していることになりません。過剰な遠慮をしないことが、相手の顔を立てる場合もあるのです。

こんど食卓の上の〝遠慮のかたまり〟に遭遇したら、遠慮について考えてみてください。遠慮はほどほどにしましょう。

いつも遠慮していたことを、やってみると、ちょっとした信頼が生れる。

すべての人があなたの人生を育てる親

僧侶になる出家の儀式を得度式《とくどしき》と言います。この中で、出家する人が、同席している家族の前で読みあげる言葉があります。

「流転三界中《るてんさんがいちゅう》　恩愛不能断《おんないふのうだん》　棄恩入無為《きおんにゅうむい》　真実報恩者《しんじつほうおんしゃ》」

（怒ったり、悩んだり、迷ったりしているうちは、親子の情などの恩愛を断つことができず迷いの世界をさまよってしまいます。このような愛着の情を捨てることで、心が何ものにも邪魔されない無為の境地に至ることができます。それこそが真にすべての恩に報いることになります）

簡単に言えば、これからは、生み、育ててくださった親への恩返しはできなくなるので覚悟してくださいということです。親を親と思わないとは、ひどいと思われるかもしれません。しかし、出家者は得度以降はすべての生きとし生けるものが親に思えてしまうので、特定の親だけに親孝行はできなくなるのです。出家の覚悟を垣間見る一文と言えるでしょう。

どうしてすべてが親に思えてしまうのでしょう。簡単に説明しましょう。

お釈迦さまは三十五歳で悟りを開いたのですが、後の人は釈迦を悟らせた力があったはずだと考えました。人が誕生する力もその一つです。これがなければお釈迦さまが生れてきません。他にも、三十五歳までの間に、お釈迦さまは人のやさしさにも触れ、自らや他人の怒りの感情にも翻弄《ほんろう》されたことでしょう。そこで、やさしさとは、怒りとは何かを考えることで、それらを解決して悟ることができました。

このように、お釈迦さまが経験したことすべてが悟りの材料になったと考えます。そして、一人の人間を悟らせるほどの力も仏と呼ぶようになります。やさしさを観世音菩薩、愛情を愛染明王《あいぜんみょうおう》、決断する勇気を不動明王、考える力を文殊《もんじゅ》菩薩と言うようになったと考えていただくといいでしょう。

悟る心を育ててくれるそれらの力は、仏ではなく親と言っても同じことです。ここから、私たちの周囲にあるものは、親のように頼りになる存在になるのです。

一緒に語り合い、勇気をもらった友だちも、親に劣らぬくらいお世話になった人でしょう。批判もアドバイスと考えれば、自分を批判した人に感謝できるようになります。あなたを裏切った人も、逆に信頼の大切さを教えてくれたと考えれば反面教師のような親です。人だけでなく、あなたが大切にしている物や、四季の移ろいなどの現象も自分を育ててくれる親のようなものなのです。

今は、そんなふうに考えられなくてもいいのです。「濁り酒でも静かにすれば、いつの間にやら澄んでくる」と言われるように、怒りや怨《うら》みなどの感情も心を静める時間を持てば、いつか心の底に沈殿して、きれいな上澄みが現れます。

そのような感性で周囲と接していると、「つまらない」とぼやく回数がどんどん減っていきます。マイナスの感情が湧きやすい人は、半日でもいいですから「すべてが親か……」と思いながら周囲を見回してみてはいかがでしょう。

みな父母と考えれば、要らぬ人など誰もいない。

道を正してくれるあなただけの師を持つ

「人は人、自分は自分」という言葉は、付和雷同せず自分で考えて行動する意味で使われますが、「他人は関係なく、私は自分勝手でいきます」という意味で使っているとしたら、孤立していくばかりで助けてくれる人もいなくなります。まさに孤立無援の茨《いばら》の坂道を、自ら裸になって転がり落ちていくようなものです。

あなたは世界でたった一人しかいない、そして、人はそれぞれ個性があっていい、と言われ、それを真《ま》に受けて孤立化の道を歩む人は少なくありません。

一人の人間が持っている能力や知識、知恵などたかが知れています。困った時にどうすればいいかなど、自分の少ない経験から解決方法を見つけようとしてもたいがいは行き詰まって、「もう、やめた」と問題から逃げるか、「なるようになる」と何の対処もせずに開き直るのがせいぜいです。

最終的な判断は自分でするしかありませんが、そこに辿《たど》りつくまでに助けてもらい、他人の意見に耳を傾けるのは悪いことではありません。私たちの周りには、心の苦悩を除いてくれる名医や、光溢れる小道のありかを教えてくれる師がいるものです。

私が所属している会で、主に講師を務めていた人が体調を崩した時期がありました。すでに講習会の日程が決まっているため、私がピンチヒッターで引っぱりだされることが多くなったある日、風の便りに「名取ばかり使うのはおかしい」と言っている人がいることを知りました。私は担当者に事情を話して「別の人間をもっと使ってあげたほうがいい」と進言しました。すると、担当者は少し怒った顔で言いました。

「君は代打の意味を知っているのか。代打はアウトにならない人を選んでいるんだ。ヒットかホームランを打てる人を出すんだ。誰が言ったかわからないやっかみ半分の中傷と、君ならヒットを打つと確信している私の期待と、どちらを取るんだ」――私にとって、抱えていた苦悩をその場で癒してくれた名医の一人です。

話し方を教えてくれたアナウンサーの村上正行さんは、ある日「私は来月七十九歳になるんですが、それを楽しみにしているんです」とおっしゃいました。歳を取るのを楽しみにしていると聞いてビックリした私は、何が楽しみなのか聞きました。

「だって考えてごらんなさい。私は来月、生れて初めて七十九歳になるんですよ。誕生日記念に、昔インタビューした女優さんがデートに誘ってくれるかもしれないでしょ。誘ってくれないかもしれないけど、くれるかもしれないじゃないですか」

誕生日を迎えると、だれでも生れて初めての○○歳になる——なんと正しく、そして、素敵な感性だろうと感動しました。「あなたがトボトボ歩いている道のすぐ横に、こんなに光溢れる別の小道があるんだよ」と教えてくれた良き師との出会いです。以来、私は「初めて」という感性をとても大切にするようになりました。おかげで、実際にやりもしないで「どうせ……」と言う頻度が大幅に下がりました。

あなたも名医や良き師にめぐり合っているはずです。「人は人、自分は自分」など と肩肘を張らずに、他の人の言葉にもっと耳を傾けられたらいいですね。

人は孤独だと茨の道に転がりやすい。
助けを求めるのは悪いことではない。

心を楽にさせてあげること、だけがやさしさではない

「やさしさ」という言葉がよく使われますが、「では、やさしさとは？」と聞かれると言葉に詰まるかもしれません。しかし、大切な心ですから坊主の小言に少しだけおつきあいください。

「やさしい」を国語辞典で大まかに見てみると、おだやか、おとなしくて好感が持てる、思いやりがあって親切、心が温かい、慈しみの心がこもっているなどで、英語ではkind、gentle、tenderなどがあげられています。いずれにしろひと言では表せません。

その点、仏教で使う「慈悲」の意味はかなり明確です。慈は楽を与えること。悲は苦しみを抜くこと。おそらく「やさしさ」は、どんな定義をしようと、この範疇《はんちゅう》から出ることはないでしょう。一般に「抜苦与楽《ばっくよらく》」と呼びますが、これでは慈と悲の意味が逆になってしまうので、私は「与楽抜苦」と覚えています。

慈悲の心が発生する土台になるのは「あなたと私は同じですね」と、他人との共通項に気づくかどうかです。単に「友だち」と言っても、友情の土台は、同じことに興味がある、同じ価値観を持っている、時間と空間を共有しているなどの共通項です。それがなければ、友だちにはなれませんし、友だちでいることもできません。

楽を与える慈は「楽しさ」を与えるというより、「心が楽になるように」と考えたほうがいいでしょう。安心感を与えると言ってもいいかもしれません。

大病をした檀家さんが冗談半分に「住職、俺が死んだら、頼むよ」とおっしゃることがあります。「大丈夫。万が一の時はしっかり拝むから心配しないでいいですよ。骨は拾いますよ」と笑顔で答えます。すると、「ああ、これで安心した」と言ってくださいます。

「こんなことをお願いしたらご迷惑かもしれませんが」と切りだされた時は、いつも先回りして「迷惑かどうかは相手、つまり私が決める問題ですからご心配には及びません。多少の迷惑は平気な顔してゴクリと呑みこみますよ。こう見えてもけっこう丈夫な食道と胃は持っているから」と笑って答えます。

苦しみを除く悲は、心の苦悩を除くことです（肉体的な苦しみを除くことも含みますが、現在、それは医療の役割でしょう）。

お寺の玄関で、「仕事場の人間関係が最悪で、転職しようか考えている」と言われた時は「一緒に拝みましょう」と本堂に上がってもらい、太鼓にあわせて大きな声で『般若心経』を唱えます。「なんだか、さっぱりしました。もう一度考えてみます」と言ってくださいます。

みなさんは坊主の真似はしないでしょうが、それと似た「一緒に一杯飲みましょう」でもいいし、そばにいて話を聞くだけでも、本人の中に苦しみを除く力が湧いてくるものです。

それができるようになるには、まず他人との共通項を探す感性を養うことです。

何もできなくても、一緒にいてあげるだけでいい。

生れただけで親孝行の八割は終わっています

親から過度な期待をされて、それができないで親に文句を言われた時、堪忍袋の緒が切れて、口走ってしまった言葉に「勝手に産んでおいて、こうしろ、ああしろと自分の思い通りにしようとしてばかり。『産んでくれ』なんて頼んでない」があります。その時の親の悲しそうな顔は今でも覚えています。まったくもって、罰当たりと言うか、親不孝と言うか……両方ですね。

大学を出て教師になったのに、父の体調が悪くなり一年で退職することになって、早めの退職願を提出した年の暮れ。同僚のS先生が「将来でいいから、こんな坊さんになってくれ」と送別の花束代わりに話のプレゼントしてくれました。

S先生は北関東の出身。東京の大学に入ってバイト三昧《ざんまい》、遊び三昧でほとんど帰省せずに学生生活を楽しんでいたそうです。ある日、実家から電報が届きます。文面は「チチ　キトク　スグ　カエレ」。取るものも取り敢えず、電車とバスを乗り継いで実家に着くと、近所の人たち総出でお通夜の準備が始まっていました。

お通夜の読経を終えて接待のために茶の間にいた老僧の前に正座したS先生。膝の上で拳をにぎって「僕は、親父に何も親孝行ができませんでした」と訴えます。すると老僧はこう言ってくれたというのです。

「君は大変な勘違いをしているよ。君がこの世に無事に生れただけで親孝行の八割は終わっているんだ」

S先生はその言葉を聞いてとても心が軽くなったそうです。そして「あんたも将来そう言うことが言える坊さんになってくれよな」と言ってくれました。

三年後に結婚して子どもが生れ親になった私は、「無事に生れただけで八割の親孝行は終わっている」という言葉を実感しました。一方で、私の親孝行も二割が残っていました。長男が生れて一カ月後、母が亡くなり、母への親孝行ができなくなりました。仕方がありません。私は自分が誠実に生きていくことで親孝行の真似ごとをさせてもらおうと思いました。

そして、還暦近くなった私も、三十歳を超えた独身の長男に言いました。

「親孝行の八割は終わっているから、残りは私が死んでから返すつもりでいればいい。でも、お前が多くのおかげで今幸せならば、幸せを享受するだけではアンフェアだ。それでは〝やらずぶったくり〟だ。自分の幸せを奥さんや子ども、他の人にも味わわせてあげることが、ささやかな恩返しになると思うんだ」

本心でそう言った手前、自分では、やることなすこと、すべては恩返しのつもりでやらせてもらうことにしています。

ちなみに親になったあなたが、子どもから「産んでくれなんて頼んでない」と言われたら、「まさか、お前のようなのが生れるとは思っていなかったからねぇ」と冗談で返しましょう。「望んで生れたわけじゃない」なんてつまらない考えは捨てましょう。私たちはだれでも、自分の都合以前に、この国に、この時代に生れてきたのです。

自分の幸せを他の人にも贈ることが、ささやかな親孝行になる。

第五章

老いと死についての感性

今目の前で起こっていることに偽りはない。きちんと向き合うことが大切

仏教の言葉に「則事而真《そくじにしん》」や「諸法実相《しょほうじっそう》」があります。それぞれ「あなたが出合っている事はことごとく真実の姿です」「諸々のあり方は真理の現れであり、それは仏の悟りそのものなのです」という意味。

どんなに「ウッソーッ」と叫ぼうが、「マジっすか?」とおどけてみせても、かわいらしく「信じられな〜い」と言っても、あなたが出合うことはすべて、嘘でもなければ、冗談でもありません。

人が死んでしまうのも、状況によって裏切られるのも、シワが増えるのも、顔面の面積が髪の毛を浸食していくのも、嘘や偽りのない真実のあり方をしているのです。

このような避けられない現実にどう対処すればいいのでしょう。

一つはとりあえずその場から退避することです。私は家族と何気ない会話をしてい

たのに、風向きが変わって自分が批判されそうな流れになると、「ちょっとトイレに行ってくる」と席をはずすことが何度もあります。あなたにも経験があるでしょう。

余計なことはせずに嵐が過ぎるのを待つように動きを止めることもあります。叱られている時に言い訳などせずに、何も言わないでその場を凌ぐのです。それができずに、言い訳をして「どうして言い訳をするその口で、先に謝らないの！」と言われたことも一度や二度ではありません。

その場から逃げるのも、じっと耐えるのも、意にそぐわない事態に直面した時の対応の一つです。

その時に「こんなはずはない」「あの時、ああしておけばこんな事態にはならなかった」といくら考えて目をつぶっても、現実は相変わらず嘘や偽りのない真実の姿であなたの前に、「で、どうするんだい？」と不敵な笑みを浮かべて待っています。「ウッソー」や「信じられない」が口癖の人は、現実への対応力が弱っていきます。大切なのは、どんなに否定したいことでも、それができないことが明らかなら、それに対応することです。

皮肉な言い方で申し訳ありませんが、歳を取ることも、人生の中では嘘や偽りのない真実のあり方です。

歳を取ることから目を背けようとしても、若さにすがりつこうとしても、明日は一日歳を取り、来年は一歳歳を取ります。地下室にこもって嵐をやりすごすようなわけにはいきません。

堂々とわたりあえば、かつて悩んだことも今では軽くスルーできるようになり、失敗したおかげで他人の失敗にも寛容になれるなど、歳を取るメリットがたくさんあることに気づくでしょう。

「こんなはずはない」「こんなことありえない」と思っても事態は好転しない。

人生は何事をも為さぬにはあまりに長いが、何事かを為すにはあまりに短い

人が感じる時間の流れは、世代によって異なると言われます。十代は「学校へ行って、帰ってきたらもう一日が終わり」と一日を早く感じます。二十代になると「ついこのあいだ月曜だと思ったらもう日曜だ」と一週間が早く、三十代は「月が変わってたいして時間はたっていないと思ったのに、もう月末だ」と一カ月が瞬く間に過ぎるように感じます。

四十代になると「満開の桜の下で浮かれたと思ったら、もう紅葉の季節か」と半年が早く、五十代になると「明けましておめでとうと挨拶したと思ったら、もう忘年会の季節だなんて」と一年があっという間。

そして、六十代からは十年が束になって飛んでいくと言われます。

体力、気力がのぼり調子ならば、その状態が続くと勘違いして人生はまだ先がある

と思うものですが、絶頂期を過ぎて少しでも衰えを感じると人生は短いと思うようになります。

浪曲のセリフの中に「草葉の上に置く露の風待つほどのはかない命」があります。これは人生が朝日を浴びると蒸発してしまう露のように短いことと、思いもかけない事態であっけなく人生の舞台からおりることになるたとえです。

他にも人生の短さを泡沫、蜉蝣《かげろう》にたとえる例は枚挙に暇《いとま》がありません。

三十三歳で早世した作家中島敦の『山月記』は、人の身から虎になりつつある、かつて詩家を目指していた男が、山中で旧友と出会い、自分がどうして虎になったのかをしみじみと語る物語。

彼は詩人として名声を得ようとしながらも、「我が臆病な自尊心と、尊大な羞恥心との所為《せい》で」進んで師についたり、詩友と交わって切磋《せっさ》琢磨《たくま》もしませんでした。かといって、たわいない仲間と交わることもしなかったと懺悔《ざんげ》します。そして、続けます。

「人生は何事をも為《な》さぬにはあまりに長いが、何事かを為すにはあまりに短いなどと口先ばかりの警句を弄《ろう》しながら、事実は、才能の不足を暴露するかもしれないとの卑怯《ひきょう》な危惧《きぐ》と、刻苦を厭《いと》う怠惰《たいだ》とが己《おれ》のすべてだったのだ。己よりも遥かにとぼしい才能でありながら、それを専一に磨いたがために、堂々たる詩家となった者がいくらでもいるのだ。虎と成り果てた今、己《おれ》はようやくそれに気がついた」

私はこのセリフの中の「人生は何事をも為さぬにはあまりに長いが、何事かを為すにはあまりに短い」が好きで、よく引用します。そして、その後の言葉に我が身を重ねます。たいして長くもない人生を、虚栄や心満たされぬ栄華、上辺だけの名声やその場限りの称賛を求めることに費やすのはもったいないないと思うのです。

だからといって、人にはそれぞれ機根がありますから、これをしたほうがいいと申し上げることもできません。ただ、人生は自分が思っているほど長くはないかもしれないという感性を働かせて、将来につながる今を大切にしていただきたいと思うのです。

たいして長くもない人生を、虚栄や上辺だけの名声を求めることに費やすのはもったいない。

心の中の負の財産に気づく

標語好きの私のために、友人が「分けても減らない心の遺産、あとは三代食いつぶし」を教えてくれました。

三代にわたって親の遺産を相続すると財産がなくなると言われる日本の法律。家《いえ》制度に守られてきた檀家寺の住職としては、先祖代々守ってきた財産が兄弟で平等に分配され、主に冠婚葬祭などの親戚づきあいなどを受け継ぐことになる人に応分の財産が残らない制度はいかがなものかと思いますが、今のところ仕方がありません。

子どものために親が残そうとした財産だけでなく、自分の生活のために貯めた財産もいつ、どんな理由でなくなってしまうかわからない世の中。せめて簡単になくならず、減りもしない心の財産を残すに如《し》くはありません。この場合の心の財産は自分が学んだことや経験したことで、生きていれば徐々に増えていきます。

やさしさや責任感、信頼性などの財産は知らない間に丈夫な杖となって、人生を堂々と歩いていく私たちを支えてくれます。

しかし、中には心をむしばみ、傷として残る負の遺産もあります。自分だけ不当な扱いを受けたと感じるひがみ、誰かのことを憎み、怨む心、負けや失敗を潔く認めようとしない負け惜しみなどがそれにあたるでしょう。

こうしたものが心に巣くっているのがわかったら、なるべく早く処理したほうが賢明です。ひがみ根性をなくすには「自分はできるだけやっている」と自信を持つまでやってみます。憎み、怨む心があったら、それらを「相手を哀れむ心」に転換させます。負けや失敗を認めたくなければ、あらんかぎりの言い訳を述べたてればそのうち自分が情けなくなり、よい意味で開きなおれて「私が悪《わる》うございました。反省します」と素直になれます。

自分の中にある負の遺産や財産はなかなか意識できません。それに対して、他人が持っている心の財産はよくわかります。

「この人は相変わらず愚痴ばかり」「あの人は人の悪口を言う」「奴は人の話を聞かないで、自分のことばかりしゃべる」などはとてもよくわかります。

逆に、「いつも笑顔で素敵な人だ」「あの人は何を言っているのかよくわからないけど、何となく説得力はある」などを感じることもできます。

他人からはよくわかるので、あなたが批判されたり、褒められたりした時こそ、心の財産を増やすチャンスです。「他山の石をもって玉を攻《おさ》むべし」「人をもって鑑《かがみ》となす」「人のふり見て我がふり直せ」の通り、他人が持っている心の財産が自分にあるかどうかをふりかえるのです。これが俗に言う「心を耕す作業」になります。

悪しき心の財産を掘り起こして引き抜き、自分になかった良い財産の種を蒔き、すでに芽が出ている良い財産は少し意識することで光が当たり育っていきます。

今まで地道に増やしてきた〝分けても減らない心の財産〟をたまに意識して、自己肯定感を高めていきましょう。

心の財産はなくならない、だからこそ負の財産は自分で引き抜けるようにしておく。

動くことより、理屈が多くなることを老いぼれという

家内から「夫婦なんだから、思っていることがあるなら言ったらいいのに」と言われつづけている私ですが、人前で仏教の話や生き方の話をする時は、その時、自分の中で最も旬な、日常に落としこめたことを正直に話します（家内に思っていることをそのまま言うほどの勇気を、私はまだ持ちあわせていません）。

広い意味ではお説経と言えるかもしれませんが、狭義の「教えが〝説〟かれてある〝経〟を解説する」ではありませんから、法話（仏教を土台にした話）でしょう。

諸行無常（すべては縁の集まりで、次々に縁が変わるのでどんなことでも同じ状態を保たない）や、空《くう》（すべては変化してしまうのでどんなことにも不変の実体はない）や、観自在（観じることを自在にして心をおだやかにする）、智恵（よく考えること）などの教えによって、私自身が救われた経験がたくさんあります。学校ではなかなか教えてくれないことばかりなので、皆さんとシェアしたくてつい話したくなる

のです。

知り合いの僧侶は私と逆で、どんな場面でも法話をほとんどしません。せっかく仏道に入ったのだから、もっと積極的に話をしたほうがいいと進言したことがあります。すると彼は「私は自分でできないことを偉そうに人に言えないのです。だから法話はしない、というより、できないのです」と答えました。

その責任感はたいしたものですが、仏教の教えの中で自分でもやってみたいこと、できそうなことなら話せるはずです。仮にできていなくても、話の最後に「皆さんにお伝えしたのはいいのですが、私自身はまだできていないのです」と正直に言えばいいのです。

ところが、自分ではやる気もないのに口先で、「私だったらこうするのに」「人間関係はこうあるべきだ」「あの仕事には、これが大切だと思う」と評論家のようなことを言い放つ人がいます。

空海（弘法大師）の言葉に「能《よ》く誦《じゅ》し、能く言うこと鸚鵡《おうむ》もよく為す。言って行わずんば、何ぞ猩猩《しょうじょう》（人間のような顔をして、人間の言葉を解するという想像上の獣。

オランウータンのようなもの）に異ならん」（『秘蔵宝鑰《ひぞうほうやく》』）があります。

「能書きを並べ、言うだけなら仕込んだオウムでもできますよ。言うだけで実行しようともしないなら、人の言葉をいくらか理解できるお猿と変わらないじゃないですか」とは、かなりキツいひと言です。誰の言葉だったか「動くことより、理屈が多くなることを老いぼれという」もあります。

有言不実行の人は周囲から冷たい目で見られます。その点、有言実行の人は文句のつけられようもありません。

「あの人は、口が達者だね。きっと口から先に生れたに違いない。話が上手というより、口が上手《うま》いだけさ」なん言われないように気をつけたいもの。オウムやお猿になっている自分に気づいたら、早めに有言実行したほうがいいですよ。

口で言うだけで実行しなければ獣と一緒。

「歳を取りたくない」は心のバランスを欠いている

お寺にやってくるのは圧倒的にお年寄りが多いのですが、そのお年寄りたちのほとんどが「歳を取るのは嫌だ」とおっしゃいます。主な理由は体力の低下と病気、そして記憶力と気力の衰えだそうです。昔は五分でできていたことが二十分かかると悔しがり、膝や腰が痛くて大変だと嘆き、物忘れがひどいとガッカリし、何かやろうという気が起きないとしょぼくれます。

昔と比べて劣ったことだけに目を向ければ、お年寄りでなくても、歳を取るのは嫌でしょう。しかし、これはフェアではありません。歳を取ったメリットもあるはずなのです。その点で「歳は取りたくない」とだけ愚痴をこぼすのは、心のバランスを欠いていると思うのです。

私たちは毎日一日歳を取ります。時間は戻せないので仕方ありません。その中で、加齢の愚痴ばかり言って過ごすのは何とももったいない話です。

ですから、歳を取るメリットに気づいて、歳を取ることを楽しむ感性が大切なのです。では、どんなメリットがあるでしょう。

昔できなかった仕事ができるようになった、かつて落ちこんだことが現在起こってもへこたれなくなった、我慢できなかったのに耐えられるようになった、怒らなくなった、他人の失敗に対して寛容になれたなど、いくらでもあるでしょう。

それでも、毎朝鏡の中でシワ、シミ、タルミが多くなればため息をつきたくなるかもしれません。それは、歳を取って人生経験を積んだのに、まだ「人を外見で判断する」ことから解放されていないのです。「お若く見えますね」は〝歳のわりに〟という言葉が省略されているのですから、手放しで喜んでいる場合ではありません。肌の老化は悪いことという価値観から抜け出ないと、鏡の前でため息をつく日々がこの先も続きます。

自分を追いこむような価値観を打破するために、今は無理でも「何歳までに何をクリアするか」を設定しておくことをお勧めします。私は五十代で、「人と別れる時には『じゃあ、また』で終わりにせずに、『今日は楽しかったです』『勉強になりました』『次にお会いするのを楽しみにしています』など、その人と過ごした時間のまとめの言葉を言う」と目標設定しました。期限は還暦までにしました。

残念ながら、還暦まで残り一年になった今でも「じゃ、また」と言いながら帰りのこと、帰ったら何をしようかと、自分のことばかり考えているような始末です。そこで「六十五歳までに八割言えるように」と目標を設定し直しました。

たいしたこともしないでただ歳を取ることを「馬齢を重ねる」と言いますが、「○○歳までに」と目標設定をするだけでも、その年齢になるのが楽しみになるものです。

「今まで作った作品の中で、あなたが最も好きな作品は何ですか？」と聞かれた芸術家の多くは、「これから作る作品です」とみごとな答えを返します。それを見習って「私の人生はこれからが一番素晴らしくなります」と言いたいものです。

早いうちから、老いるメリットを見つけておく。

後回しにしていると、すぐに白髪になってしまう

「話す時は、三メートル前で向こうを向いて座っているおばあちゃんに話しかけるように、ゆっくり話すんです」とベテランのアナウンサーに教えてもらったのは、私が四十代になってまもなくのころでした。たしかにそのほうが聞きやすいでしょうが、しゃべりたいことが次から次に浮かんでしまうので、二十年近くたった今でもつい早口で話してしまい、聞いている相手も息つく暇もなく、酸欠になるようなありさまです。

生き方もそれに似て、御詠歌《ごえいか》（在家が唱える伝統的な仏教讃歌）、写仏《しゃぶつ》（線描仏画のトレース）、法話の会のほか浪曲の会などを主催しながら、本を書いたり、講演会に呼ばれたりしています。

「生き急いでいる」とたしなめられますが、何かに追われ、あるいはどこかへ行ってしまうナニモノかに必死に追いつこうとしている自分を、「江戸っ子だから、せっかちなんだよ」の言葉で誤魔化して、相変わらず落ちつきのない日々を過ごしています。

しかし、世の中は「老少不定《ろうしょうふじょう》」です。いつ病気になり死んでしまうかわかりません。ちょっと前まで学生だった自分が、たいしたこともしないで過ごしているうちにいい大人になります。その調子ですぐに中年になります（『広辞苑』では中年は「四十歳前後」と説明されています。『新明解国語辞典』は良心的で「五十代半ばから六十代の前期」）。そうこう過ごしているうちに「寒い寒いと言うそのうちに、いつか頭に霜が降る」で、後期高齢者の仲間入りという具合。否、悲しいかな、そこまで生きていられる保証はどこにもありません。

ですから、やれることはやれるうちにと、気持ちが逸《はや》るのです。『遺教経《ゆいきょうぎょう》』（お釈迦さまが説いた最後の教え）では、弟子に対して、いくつかの項目について後回しにしないよう注意しています。お役に立ちそうなものをご紹介しておきます。

欲――野放しにすると野獣よりも厄介。欲をコントロールできるようにしておく。

恥――自分に対する恥と他人に対する恥を知る。自他に誠意をもってあたる。堪忍――屈辱を堪え忍ぶ。正しいことをしていればそれでいい。慢――傲慢にならないで謙虚になる。諂曲《てんごく》――おべっかを使って人にとり入ろうとしなくていい。少欲――欲を小さくする。知足《ちそく》――足りることを知る。遠離《おんり》――喧騒から離れた場所と時間を持つ。一人の時間を大切にする。精進《しょうじん》――目標に向かって努力する。不妄念《ふもうねん》――目的を忘れてはいけない。また、目標達成のためにしなければならないこと、してはいけないことを忘れてはいけない。禅定《ぜんじょう》――心を静める時間を持つ。智恵――色メガネをかけずに物事の本当の姿を見る。戯論《けろん》――浮ついた話や、どうでもいいような話には加わらない。自主――受け身ではなく、主体的に動く。責任――自分のやったこと、やらなかったことに責任を持つ。

これらの項目は弟子に向けられたものですが、一般の方にも通用する項目でしょう。やるなら後回しにせず、早く取りかからないと、人生がいくつあっても足りません。

いい大人になるための感性は今すぐ育てないと、あっという間に時は過ぎてしまう。

人は死んでも無にならない

私は街の中にある、いわゆる檀家寺の住職です。「亡き人・遺族・仏さま」の三角形の要《かなめ》のような役と言ってもいいでしょう。同時に、遺族に対して、亡き人がよりよい縁として関われるように考えるのも、大切な役割の一つです。

檀家さんの中には「人は死んだら無になる」と思っている人は少なくありません。そんな人には「お墓参りしているのは、心のどこかで亡くなった人が無になっていないと思っているからでしょう。無に手を合わせても意味がないですもの」とお伝えします。

お墓や仏壇の前で亡き人に感謝の気持ちを伝え、冥福《めいふく》を祈り、近況を報告するのは、人は死んでも何かが残る（残っていてほしい）という素朴な信仰で、頭から否定しなくてもいいでしょう。骨になってしまって会話も意思の疎通もできないから無になったと、徹底した合理性で割り切る必要はどこにもありません。

お釈迦さまの臨終が近いと知った弟子は「どうか、死なないでください。お釈迦さまが亡くなったら、何を頼りにして生きていけばいいかわかりません」と嘆きます。

すると、お釈迦さまは言います。

「私は〝仏の教え〟が人間の皮をかぶっているようなものです。死ぬのは皮が剥がれるようなものなのです。あなたに伝えた、その教えが私そのものなのです。ですから、あなたの心の中に私の教えがあれば、私はいつでもあなたと一緒です。無くなってしまうわけではありません」

仏教ではこうした考え方を、花とその香りにたとえて、「花は落ちても、香りは残る」と表現することがあります。

亡き人のたった一つの言葉、ふとしたしぐさが、今のあなたに影響を及ぼしていれば、形はなくなっても香りが残っているのです。

「余生という言葉があるけど、人の人生に余った人生なんかない」という亡き人の言葉で、余りのない人生を生きていく覚悟をする人もいます。亡き人の屈託のない笑い顔を思い浮かべて、大きな口を開けてガハハと笑う真似をするようになる人もいます。

素敵な言動ばかりでなく、愚痴っぽかった故人を反面教師にして、言っても仕方がない愚痴を言わなくなる人、ポケットに手をいれたまま挨拶した姿を見て、自分はこんなことはすまいと礼儀正しい挨拶を心がけるようになる人もいます。

このように、体はなくなっても、亡き人の香りが自分の中に残りつづけます。身近で亡くなった人がいなくても、親や親戚から亡き人の思い出を聞くことで、芳しい香りを感じられます。葬儀や法事のお斎《とき》の席で、喪主が「故人の思い出話などをしていただければ幸いです」と挨拶するのはそのためなのです。

亡き人の思い出が、自分にどんな影響を及ぼしているかに気づく感性を働かせてみてください。そうすることで、あなたの人生が感謝の多い、幸せなものになっていきます。

どれだけ自分の人生が亡き人のおかげで成り立っているか知ると自然と感謝が生れる。

体は花のように枯れるが、心は香りのように残る

「住職さんって、霊が見えたりするんですか」と時々、檀家さん以外の方に聞かれることがあります。「中には霊が見えるお坊さんもいるでしょうけど、私はありがたいことに、ぜんぜん見えません」と正直に答えます。しかし、霊が見えないからといって、死んだ人が無になると思っているわけではありません。

仏教では、体は花のように枯れてなくなってしまうけれど、心は香りのようなものでいつまでも残ると表現されることがありますが、この場合の香りは、亡き人の思い出のことです（霊魂のことではありません）。

亡き人の思い出があれば、あなたはその人と一緒に生きている――こう申し上げると、うさん臭さを感じるかもしれません。しかし、この考え方は前項で述べたように、仏教では伝統的なものです。

お釈迦さまが亡くなる時、心細そうな弟子に言いました。

「私の人生は私が説いてきた教えそのものです。そして、必要な教えはすべてあなたに伝えました。だからあなた自身を灯明にすればいいのです。私が伝えた教えのままに生きるならば、私はあなたの中にいるのと同じです。悲しんだり、心配しなくてもいいのです」

私たちは自分一人の力で今の自分を作り上げたわけではありません。親や先輩が言ってくれたひと言が今の自分を支えていることもあるでしょう。私の場合なら、母が五十七歳で亡くなる直前に病床で言った「これで死んじゃうんじゃ、つまらないわ」が今でも心に残り、「つまらない人生だった」と言い残さないように生きようと思っています。母が反面教師として私の中にいるのです。

火災で亡くなった長寿の方の戒名に「寿」の一字を入れた師僧（父）に、「亡くなり方が普通じゃないのに寿が入った戒名はおかしい」と言った時、父の「お前はわかっていないな。仏さまにお願いするのに、どんな亡くなり方をしたかは関係ないんだよ」という言葉に、あるべき僧侶の信仰心を見た気がして、今でも「供養する側にとって、亡き人の死に方は関係ない」が私の信条になっています。

先輩のお坊さんは「よいと思ったことは、やってみるんだ」という言葉通りに動いて仏教を多くの人に広めました。私の活動はこの先輩の生き方が手本です。今でも迷った時は「あの先輩ならどうするだろう」と考えて真似することにしています。

このように、すでに亡くなってしまった人たちの言葉や行動が今の私のほとんどを作っています。

今の私が完成したジグソーパズルだとしたら、一つ一つのピースはすべて周りの人たちからいただいたピースで、私がもともと持っているピースは一つもありません。つまり、私の中で亡き人たちが生きているのです。このように考えることで、亡き人と一緒に生きているという実感が持てるようになります。

私たちの中には常に亡き人が生きている。

あなたは生前も、死後も世界のどこかに存在していた

どんなことも、一つの原因に何らかの縁が結びついて結果になる――これは仏教の根幹をなす大原則で、縁起、因果、因縁などと呼ばれます。ご注意いただきたいのは、怪しげな霊能者や占い師が皆さんの不幸の辻褄《つじつま》合わせとして使う悪い意味は、「因縁」や「因果」にはもともとないということです。

あなたも縁起の法則に則った結果として生まれました。直接の因は両親ですが、さらにその因をさかのぼれば生命の誕生から地球の誕生、宇宙創生にまで辿りつきます。父親の精子と母親の卵子が受精した時から細胞分裂がくり返されて、母胎《ぼたい》の中で成長していきます。人は生れるまでに何度分裂をくり返すのでしょう。それに要されるエネルギーは膨大なものになりますが、胎児はへその緒からだけそれを得ています。

話を、あなたが命を得る（受精する）少し前に戻します。あなたの半分を作った精子になる前、あなたはどこにいたでしょう。お父さんが食べたご飯一粒の中に、お漬

け物の野菜や塩分の中に、ビールの泡の中にもいたでしょう。「奥さんがいるのだから、健康に気をつけてね」とお父さんに言ってくれた人もいるでしょう。その人の言葉で健康に気をつけて元気な精子ができたのかもしれませんから、あなたは他の人の気づかいの中にもいたことになります。

一方、卵子を充分成熟させるためにお母さんが食べたうどん一本の中に、スープのひと雫《しずく》の中にあなたはいたかもしれません。私たちは日光を浴びないと、カルシウムを骨に取り込む役目をするビタミンDが体内に生成されないそうですから、あなたは宇宙空間を通ってきた太陽の光の中にもいたことになります。

このように、あなたは、受精して命になる前、宇宙空間を含めたさまざまな場所に無数に散らばって存在していました。それらが縁あって精子、卵子になり受精した結果、あなたが生れたのです。

私の肉体は分解されて土に返り、あるいは熱に変換されたりするでしょうが、私の行く場所はもともと私が生れる前にいた、この広い宇宙のどこかだと確信しています。『西遊記』の中に、觔斗雲《きんとうん》を手に入れた孫悟空が世界の果てまで行って、柱に「斉天《せいてん》大聖《たいせい》（悟空の別称）ここに至れり」と刻んでお釈迦さまのところに「どうだ！」と意気揚々と帰ってくる話があります。得意気な悟空に、お釈迦さまはニッコリと笑って自分の手のひらを見せます。見ると中指の先に極小の文字が書いてあります。見れば紛れもない「斉天大聖――」の文字でした。

この話は、お釈迦さまの教えは世界の隅々まで行き渡っているという意味だけでなく、所詮悟空はお釈迦さまの手の外に出られないという意味でしょう。同様に、私は死んでからも、そして、生れる前も、調和を保っている大きな世界（仏教では法界《ほっかい》と言います）の中にいるとしか思えないのです。

死後の世界の愉快な考え方はさまざまありますが、ここでは「そうか。死んでから行く所は、生れる前にいた場所か」と共感していただければ幸いです。

死んでから行く場所は、生れる前にいた場所。

「死んで終わり」でないものは驚くほど多い

「死んだら人は無になるんだ」と乱暴なことをおっしゃる方がいます。「そんなことを言っていると、自分のお墓参りもしてもらえませんよ。無になった人のお墓参りをしても何の手応えも、意味もありませんからね」と少しおどし気味に申し上げていたのは私が四十代のころでした。

別項でもお伝えした通り、肉体はなくなってしまっても、残っている人との縁や影響力は残るのですから、それを感じ、よりよく生きていくきっかけ作りとして「私が死んだら、折れた線香の一本でもあげてくれればありがたい」とか「墓や位牌《いはい》は死んだ人との面会用の窓らしいから、気が向いたら墓参りでもしてその窓に私を呼びだしてください」と言えるくらいの心の余裕と茶目っ気を持っていたいものです。

「死んだら無になる」というセリフほどはシラケていないものの、もう一つ気になるのは「死んだら終わり」という言葉です。確かに死んで終わることはあるでしょう。

医学的な意味での生命活動は終わります。お金や物や人間関係などに関わる生産活動や消費活動もジ・エンド。これらは死んでしまうと手も足も出ません。

しかし、終わりにならずに残っていくものはあるのです。「人は死して名を残し、虎は死して皮を残す」と言われる通り、まず名前が残ります。そして、亡くなってしまった人との思い出、亡くなった人からいただいた物、亡くなった人が作った物なども残ります。お子さんがいるなら、命を継承したことになります。「父はがむしゃらに働いて私たちを育ててくれました。亡くなって二十年ほどして気づいたら、私も父と同じような働き方をしていました。父は私に生き方を残してくれたようなものです」とおっしゃる方もいます。

このように、死んで終わらないものはたくさんあります。それでも「そんなものが残ったからといって何になるのだ」と不貞腐《ふてくさ》れるようでは、自分のことだけを考えて、人生を上辺だけで生きてきたと公言しているようなものです。

ある男性が「人はどうせ、一人で生れて、一人で死んでいくんだ」と言ったことがありました。すると隣にいた奥さんが「それはあなたの言う通りね。でもね、一人で死ぬ時、枕元に何人いるかが大事なのよ。あなたなんか今のままじゃ、私も含めて、誰もいないわよ」とつっこんだことがあります。言われたご主人は悄気《しょげ》かえり、私を含めて、周囲にいた人は手を叩いて笑いました。

「時は流れずに重なっていく」という考え方があります。自分が死んでしまえば自分という山がそれ以上高くなることはないでしょう。

しかし、やったことが重なって自分の山を作っていく過程で、他の人に影響を与えて隣に別の山ができあがっていくものです。結果として山と山がつながって、山脈ができあがっていきます。このダイナミックさが、生きていく、そして死んでいく一つの醍醐味《だいごみ》でしょう。

「人は死んだら終わり」なんて言葉を鵜呑みにしないでください。

一人で死ぬ時、枕元に何人いるかが大事。

命日はあの世で生をうけた日

人が亡くなった日を命日と言います。命が亡くなった日なのに「命の日」と書くのですから、考えてみれば不思議です。

私たちが生きているこの世に対して、死後の世界をあの世、冥土と言います（日本では古来黄泉《よみ》の国）。そこからかつては冥土へ逝った日で「冥日」と書いていました。

どうして命日になったのでしょう。察するに、どこかのお坊さんが「残された人が亡き人のおかげをいただいて今の自分の命のことを考える日。また、あの世で命をもらった日として、命の日のほうがいいだろう」と変えてしまったのではないかと思うのです。

亡くなった日があの世での誕生日と考えれば、生れたての赤ちゃんが身につける白い産着と同様に、亡くなった人に白い装束を着せる風習があるのもうなずけます。

人が亡くなるというのは、昨日までいた人が今日からいなくなるということです。

そして、赤ちゃんの誕生は昨日までいなかった人が今日からいるということです。遺族にしても、赤ちゃんを迎えた家族にしても、死や誕生という突然の変化にどのように対応していいのかわかりません。その心に整理をつけるために、先人たちは巧妙な通過儀礼を作り上げました。亡き人の供養と、生れた赤ちゃんに関する行事は驚くほど似ているのです。

死後七日目には、故人が成仏を目指す覚悟を決めるための「初七日《しょなのか》」があります。一方、赤ちゃんの場合は「お七夜《しちや》」があり、その日までに名前をつけることになっています（法律では出産日から十四日以内）。

約一カ月後には、亡き人が輪廻《りんね》する世界が決定されるにあたり、遺族が供養というバックアップをする三十五日（所により四十九日）があります。赤ちゃんの場合はその土地の神さまに「これからよろしくお願いします」と挨拶するお宮参りがあります。百日目には、もう泣くのはやめましょうという「百ヶ日（卒哭忌《そっこくき》）」があり、赤ちゃんは、一生お世話になる命の源のご飯と、昔からご馳走とされていた尾頭《おかしら》付きの鯛（「めでたい」の語呂合わせ）を食べる「お食い初《ぞ》め」があります。

他に三回忌や七回忌と、七五三のお祝いをする歳月の一致も、あの世で新しい命をもらった故人と、この世で新しい命を受けた赤ちゃんに共通した行事です。

これらは生れた世界は違っても、故人と赤ちゃんが徐々に新しい世界に慣れていくための大切な通過儀礼ともいえます。

昔から行なわれている行事にはこのような心麗しいバックボーンがあります。たとえそれを知らなくても、こうした儀礼を節目節目で行なうことで安心感が生れるのは、亡き人の供養や七五三の祈願をしている現場の坊主として実感します。

お金がかかるからやめよう、形式にとらわれることはないと経済性や合理性ばかり考えていれば、精神的な温かさに気づくことは難しくなります。

なんだか、これって、いいなぁ——そんなライトな感性も大切にしていいのです。

亡き人の供養と、生れた赤ちゃんに関する行事は
驚くほど似ている。

第六章

自分の感性を磨く

人は少しばかり不自由な暮らしをしたほうがイキイキする

私が生まれたのは戦後十三年たった昭和三十三年（一九五八年）のこと。戦争を直接体験した両親から生まれました。ですから、両親が他界した今でも、戦中の話を聞くと、「その時、父や母はどこかで同じような体験をしているのだな」と身近な話として聞くことができます。

国をあげて富国強兵の道を進む中、国民に節約を訴えるために「ぜいたくは敵だ」という張り紙が街に貼られたことがあったそうです。すると誰かが夜中にこっそりと〝素〟の字を加えて「ぜいたくは素敵だ」にしてしまったという話が伝わっています。困窮の極みの暮らしの中で、贅沢な暮らしに憧れるのは庶民にとって正直な気持ちだったでしょう。

戦争が終わって十五年たつと、政府によって十年間で所得を二倍にする所得倍増計画が発表されます。日本経済が加速度的に発展し、生活が今日より明日と確実に良くなっていった時代でした。しかし、その陰で公害問題、自然破壊などが問題になった時代でもあります。

このころから「贅沢」という言葉に対する悪いイメージは薄れていき、贅沢を求めるのは当たり前という流れに変化していった気がします。

手もとにある国語辞書の〝贅沢〟の意味をひくと、現在でもほぼ「必要以上の金や物を使い、ふさわしい程度を越えて求めること」というマイナスイメージです。唯一『新明解国語辞典』に〈望みうる最高の条件が満たされ、この上ない満足感にひたれる、自分にとって願ってもないこと〉の意味がありますが、これからは、この意味のほうが主流になっていくのかもしれません。

しかし、戦後の高度経済成長で人の暮らしが贅沢になった一方で、多くの社会問題が発生したように、贅沢には落とし穴があります。

昔から、愚か者が贅沢を求めようとすると、欲望に際限がなくなり、傲慢になり、人を見下すようになり、他者への共感ができなくなり、他人から妬まれ、憎まれるようになると戒められています。

それはお金や物で得られる贅沢だけではありません。分を超えた評価を受け、それに甘んじれば、〝先生と呼ばれるほどのバカはなし〟。いつしか謙虚さが影をひそめ、向上心という心の活動が徐々に停滞し、ついにマヒ状態に陥ります。

贅沢をしたいと思ったら、「私は、分を超えた、必要以上のものを求めようとしているのではないか。贅沢は自分にとって将来にわたって素敵なことなのか」と考えて、立ち止まってみてください。

人は、少し物足りなさを感じていたほうが、イキイキとしていられる気がするのですがいかがでしょう。


贅沢を求めすぎると、謙虚さは消え、心がマヒ状態に陥ってしまう。

「〜のはず」「〜であるべき」を捨てると新しい道が開ける

ああ、いつまでこんなことをやっているのだろう……と、自分が情けなくなることがあります。何年も駄目な自分を卑下しつづけ、愛想をつかすこともあります。ついには、こんな調子で一生を終わるのかもしれないと諦め半分になることもあるでしょう。

しかし、諦めるのはまだまだ時期尚早。なんといっても諸行無常（すべての物や現象は条件により変化するので、同じ状態を保つことはない）は、「この先今日より若い日はない」と同じで、だれも否定できない世の道理だからです。

本書を読みはじめたあなたと、ここまで読み進めたあなたは変化しています。知識も増えたでしょう。お腹もいくらか減ったでしょう。目も疲れたでしょう。

それと同じように、嫌気がさしていた今の自分も変わることができるのです。

二十代のころに先輩のお坊さんに、カウンター席だけのカラオケスナックに連れていってもらいました。お客さんは私たち以外に六十代の男性一人でした。先輩が店の奥にある畳半畳ほどのステージで歌いだして、ツーコーラス目に入ると、隣の席にいたオヤジさんが私の耳元で言いました。

「あの人の歌はつまらないな」「どうしてですか？　あんなに上手じゃないですか？」「ふふふ。あんた、わかってないな。確かにうまいよ。でも、あの人はどんな歌でも自分流の歌い方で歌うだろ？」「ええ、どんな歌でも北島三郎みたいに歌います」「だから、つまらないんだ。あれ以上、うまくならないんだよ」

人の歌を「それ以上うまくならない」、逆に言えば「まだ伸びる余地があるか、否か」という聞き方をしている人がいるのを知ってビックリしました。

その後、私は二十七歳で伝統的な仏教讃歌の御詠歌の先生になったのですが、我武者羅に唱え、教えつづけて五十九歳になったある日、「これ以上御詠歌はうまくならない」と思いました（長い間やっていれば、それくらいのことはわかります）。

そして、「もう、うまく唱えようとするのはやめよう」と思いました。そして「これからは肩の力を抜いて、自分なりの御詠歌を唱えよう」と考えました。いくらやってもこれ以上変われないとわかって、それを受け入れたのです。今まで受け入れたくなかった「もっとうまくなれる」と思っていた自分の価値観を根本から変えることで、心に別の変化が生じて気が楽になり、仲間からも「唱え方が変わりましたね。いい御詠歌を唱えるようになった」と言われるようになりました。

理想の自分を目指してがんばっても変化は起きますが、こうなれるはずだと思いこんでいたことでも、それができない自分を受け入れるという変化を自らの中に起こすと、その波紋が思わぬ方向に広がっていくこともあるのです。

まずは、「〜のはず」や「〜であるべき」という思いこみを疑ってみませんか。頑《かたく》なな心の凝りがほぐれて余裕が生まれ、楽に生きられます。

思いこみに気づいて、疑ってみると道が開ける。

お金よりもおかげを集めたほうが人は豊かになる

亡くなるなんて考えもしなかった人が亡くなって、「えっ！　まさか、あの人が？」と呆然《ぼうぜん》とすることがあります。俗に言う〝まさかという坂〟の下で立ちすくみ、しばらくは一歩も前に踏みだすことができません。そんな時は、亡き人から受けたおかげだけを思いだすと〝まさかという坂〟を上って越えていけるものです。

不思議なことに、亡き人からのおかげを含めて、多くのおかげを感じ、感謝できる人は、それで充分幸せでいられるので、財産や地位をあまり求めようとしません。また、心おだやかでいたいと思う人も財産や地位にあまり興味を持ちません。興味が湧いて欲しくなれば、それを得ようと必死になります。必死になれば心に波風が立ち、おだやかでいられなくなるのを知っているのです。

財産や地位がある人の中には、それを使って自分が受けたおかげを別の形で世間に恩返ししようとする人もいます。

しかし、他人を蹴落としても財産や地位を求める人がそばにいたら、余計な衝突や被害をもたらすので、なるべく近づかないにこしたことはありません。地位や財産を求める悪しき心の持ち主のそばで恩恵に与《あずか》らなくても、亡き人や身近な人からのおかげを感じていれば、心はおだやかでいられるのです。

もし、財産や地位のある人が羨ましいなら、心が乱れるのを覚悟して、そうなるように努力すればいいでしょう。努力もしないで羨ましがっていれば、羨ましさが妬ましさに変わり、心の貧しさが目つきや顔つきに出て世の中の鏡を全部割りたくなります。

空海は、パワハラにあって悩んでいる人の手紙に対する返事の中で「心が清らかな人ほど、地位や財産とは縁遠いものです」と書いています。地位や財産よりも、清らかな心で生きていくことに価値を置くことを勧めたのです。

時々「正直者がバカを見ない社会の実現」を声高に叫ぶ人を見受けますが、もしそんな社会になったら、逆に「バカを見たのは不正直だから」が正当化されることになります。

同様に「心が清らかでおだやかな人こそ財産や地位が持てる世の中」になったら、「財産や地位のない人は、心が汚く、苛立っているから」という論法が通ることになります。私はそんな世の中で生きていくのは、真っ平ごめんです。

あなたに財産や地位がなくても、妬み、ひがみがなく、感謝の多い生き方をしていれば、それでいいと思います。私にとって、「清貧」は死語にしたくない言葉の一つです。

正直者がバカを見る社会こそ素晴らしい。

仏になろうと努力するのではなく、今すぐ仏になったつもりで行動する

時々、キリスト教の神さまと仏教の仏さまってどこが違うんですかと聞かれることがあります。たくさんある答えのうちの一つに「キリスト教では人は神になれませんが、仏教ではだれでも仏になれる可能性があるという点でしょう」があります。

仏教では、悟って煩悩がなくなり、すべての苦悩が除かれた人を仏（仏陀）と言います。日本では、亡くなって浮世の気がかりなことが全部なくなった状態が悟りに似ていることから（似ているだけで、悟ったわけではありませんが）、亡くなった人をホトケと呼びます。そこで、だれでもいつかは死んでホトケになるので、生きている間に仏になろうとは思わないのかもしれません。

そんな現状に仏教徒の端くれとして歯ぎしりしていた私は、仏さまを「いつ、どんなことが起こっても心がおだやかな人」と言い換えることにしました。「それなら、

生きている間に私もなってみたい」と願う人が増えるのではないかと思ったのです。

天気が悪くても、お金がなくても、健康でなくても、好きな人から好かれなくても、仕事がうまくいかなくても、人間関係が悪くても、心がおだやかな人――それが仏教の目指す理想の人間像だと思うのです。

時々目にする「ぶれない人」「折れない人」は、強さばかりを求めているようで私はあまり好きになれません。「自己肯定感を高める」なども、自意識が強くなりすぎて、他者への気づかいができなくなりそうで少し怖さを感じます。少なくとも、それらは私の求めている理想像ではありません。

いつでも、どんなことが起こっても心がおだやかでいられるように、さまざまな方法が考えだされました。お釈迦さまは、物事の真実のあり方を見抜いていくというスタンスでしたが、後になって、別のアプローチをしてもその境地に辿りつけるとする仏者が現れます。こうして、仏教の中に宗派が誕生することになります。それぞれの提唱者たちは祖師や宗祖と呼ばれます。

私は平安時代の空海が日本に伝えた密教（真言宗）の僧侶なので、密教のアプローチを離乳食なみに柔らかくしてお伝えします。

それは「仏さまの真似をしてごらん。真似ができた時、あなたは仏だ」というやり方です。真似をするのは「やること、言うこと、思うこと」の三つ。問題に直面した時、「こんな時、仏さまならどうするだろう、どう言うだろう、どう考えるだろう」と考えて真似をしてみるのです。「仏さまの真似」と言われても、仏さまの思考や言動がイメージできなければ仕方がありませんから、仮にとても素敵な人がいたとしたら、どうするか、どう言うか、どう考えるかをシミュレーションして、少しでも真似してみるのです。

言うなれば、修行して仏になるのではなく、仏として生きるという究極のオママゴト。あなたもそんな時間とことを、今日から少しずつ増やしてみませんか。

練習するより先に真似てみる。

言葉が人を傷つけるのではなく、それを言う人の心が人を傷つける

私の好きな言葉に「父よ。言いたいことはハッキリ言え。母よ。言いたいことをそのまま言うな」があります。この言葉はバランスの取れた〝破《わ》れ鍋に綴《と》じ蓋〟の夫婦関係を子どもの目線で見事に言い当てている気がします。そしてまた、我が家のことを言われているような気がして、親しみを感じるのです。両親とも言いたいことをハッキリ言わなかったり、二人とも言いたいことをそのまま言うようでは、夫婦間、親子間の溝が広がってしまいます。

仏教徒が守ったほうがいいとされる戒に十善戒《じゅうぜんかい》があります。不殺生《ふせっしょう》（よけいな殺生はしない）、不偸盗《ふちゅうとう》（盗まない）、不邪淫《ふじゃいん》（よこしまな男女関係は避ける）の三つは体で行なうことの戒め。不慳貪《ふけんどん》（もの惜しみしない）、不瞋恚《ふしんに》（怒らない）、不邪見《ふじゃけん》（よこしまなものの見方をしない）は心で行なう三つの戒め。

残りの四つは、言葉に関する戒めです。不妄語《ふもうご》（嘘をつかない）、不綺語《ふきご》（できもしないことをできるかのように言わない）、不悪口《ふあっく》（乱暴な言葉は使わない）、不両舌《ふりょうぜつ》（悪口を言わない）です。

十のうち四つが言葉の戒めですから、言葉がいかに私たちの心をおだやかにさせないかがよくわかります。

よく「言葉は人を傷つけるから怖い」と言いますが、右の四つの言葉の戒めを守ろうとせず野放しにすると、人を傷つけるのではなく、結果的に自分の心がおだやかにならないから気をつけなさいと仏教は説きます。

言葉や刃《やいば》、山の端《は》などの〝は〟は大和《やまと》言葉で、物の先端についているものを表します。言葉は心の先端のことで、あくまで本体は心です。嘘をついて我が身の保身を保とうとする心があるから妄語を言いたくなります。自分を偉く見せたいと思う心から綺語が出ます。怒りの心があるから乱暴な言葉が口から出ます。他人をおとしめて自分を有利にしたい心が悪口になります。

このように、十善戒のうち四つを占める言葉の戒めも、元を辿れば心の問題に行きつきます。

ですから「言葉が人を傷つける」というのは、「その言葉を使う人の心がすでに相手を傷つけている」ということです。

相手を見下した「バカ」は人を傷つけますが、それはすでに相手を見下している心が傷つけているのです。同じ「バカ」でも、恋人が使えば、周囲にいる人は「はいはい、ごちそうさま。おしあわせに」と笑うことでしょう。

もし、あなたが言葉で人を傷つけたと思うことがあったら、その元の自分の心がすでに傷つけているのではないかと、疑ってみてください。

その作業をくり返して心を磨いていけば、何を言っても大丈夫――私はそう思って心を磨こうとしています。言葉は心のあとからついてくるのです。

言葉に気をつけるより先に、心に気をつける。

たまに子どもの目で世の中を見てみる

日本で、親子三代にわたって親しまれているマンガの一つに『サザエさん』があります。新聞の4コママンガとして六千回以上連載されました。作者は長谷川町子さん（一九二〇～九二）。戦後に活躍した第一次漫画家集団の一人です。

この漫画家集団の一人、清水崑《こん》さんは長谷川さんについて、こう語ったことがあるそうです。

「長谷川町子さんの目っていうのは、子どもの五歳くらいの時で発育をやめて、いつでも子どもの目で大人の世界を見ています。それが証拠に、サザエさんのお父さんは勤め人です。朝、『行ってきまーす』と出かけて、お正月になると二重廻しに着物を着て、山高帽をかぶり、お年始に出かけようとすると、羽根突きの羽根が落ちてくる。

あんな風俗はとっくになくなっているのですが、長谷川町子さんにとっては、五つの時に見たお父さんの像がそのまま固定しているのです。だからこそ、かえって斬新《ざんしん》で、新しく、時代を超えて人々の心を捉えるのです。私たち漫画家というのは澄んだ、幼い、子どもの目で、汚れた世の中を見てなくてはいけないのです。

たとえば悪いことをする政治家でも、汚れた大人の目から見れば『選挙は金がかかるし、そんなもんだ』って許してしまいます。しかし、澄んだ子どもの目で見れば『これはおかしいじゃないか』となります。『政治家は、私たちのお父さんやお母さんが一所懸命考えて、この人なら世の中を良くしてくれると選び出した人だ。そういう人が悪いことをするはずがない』と考えるのが子どもの目です。漫画家は、いつでも子どもの目で大人の世界を見ていないといけない。そこに〝許せない〟〝不思議〟が生れ、そこから風刺が生れて、それが画《え》になったのが私たちの漫画なんです」

私はこの話を、話し方を教えてもらった元ニッポン放送アナウンサーの村上正行さんから聞きました。世の中の不思議に気づく感性、そして感動――村上さんはご自身のアナウンサー人生でも、日常の中でも、この二つをとても大切にしていらっしゃいました。その薫陶を受けた私も、子どもが持っている邪気のない目を忘れないように努力しています。

横断歩道を歩く時どうして白い線の上を歩きたくなるのか。

親を切るなんてひどい話なのに、どうして「親を切る」で親切という意味になるのか。

八宝菜で使われる具材は本当に八種類なのか。

姓名判断ではどうして七が七画で、八が八画と数える流派があるのか。百太郎、千吉、万蔵という名前の人はどうするのだ。

たくさんいる仏さまのなかで、お地蔵さまだけどうして髪の毛がないのか。

どうして人の足を引っぱろうとするのだ。手を引いてくれればいいのに。

「世の中、そんなものさ」と世間擦れするのも世渡り術の一つですが、そればかりではつまらない大人になっていきます。わかったようなことを言ってしまったら「子どもの目！」を思いだす感性を持っておきたいものです。


世の中の不思議に気づく感性、感動する感性を大切にする。

相手の嫌な部分は自分の中にも生きている

「他人の嫌なところをよく見れば、自分の中にも似たようなところがあるものだ」とよく言われます。他人の嫌なところが自分の中になければ気づきもしないのに、敏感に反応するのは、自分が隠している嫌なものを「あんたも、これ、持っているだろう」と、目の前でまざまざと見せつけられたようで不愉快になるからというのです。

自分ではちょっとしたことで怒りたくなる衝動をなんとかなだめすかしているのに、瞬間湯沸かし器のようにすぐに怒りだす人を前にすれば、「私は自制しているのに、それができないとはふざけている」と嫌な気分になるのです。

やるべきことはさっさと片づけて、次のことに取りかかって、てきぱきとこなしているのに、要領が悪くいつまでもぐずぐずしている人を見ると、「私だって、あなたみたいにのんびりやって、できなかったところは他人任せにしたいのに、それをしないでさっさとやっているのだ」と怒りたくなります。

しかし、すぐに怒る人を見て嫌な気分になったおかげで、自分はカッとなるのを抑えられるようになったのなら、それでひとまずOKです。要領がつかめずに他の人に迷惑をかけた人を見たり、自分が当事者だったりした経験から、てきぱきと仕事ができるようになったのなら、自分はまともな道を歩けるようになったのです。

その意味で、私たちの周りの人は「あなたにもこんなところがあるのですよ」と嫌なことを見せてくれているようなものです。ですから、頭から毛嫌いしなくてもいいでしょう。「あなたのような人がいるから、『それはまずい』と気づける人がたくさんいる」と思うことで、相手への嫌悪感はずっと少なくなります。

私は昔から傲慢な人が特に苦手でした。小学生のころから五十歳くらいまでに出会った傲慢な人は二十人ほどでしょう。

そんな私が「ひょっとすると、自信のない私こそ傲慢になりたいと思っているのではないか」と思ったのは、四十歳を過ぎたころ、人数にして十人目くらいの、鼻持ちならない人に見下された発言を受けた時でした。あまりの悔しさから、その人の上を行く傲慢さを身につけて、逆に見下してやろうと思ったほどでしたが、三日ほど考えて、その考えを放棄しました。

「あの人より傲慢になったら、私は人間を辞めて、妖怪の仲間入りをすることになる」と気づいたのです。ふりかえってみれば、私にも妖怪になる萌芽があったのですが、その芽を放っておくとこうなるという醜い姿を見せつけられて、私は妖怪への道を閉ざすことができたのです。

経験上、自分が誰かの嫌な部分に過剰反応するのを年に一回、十年で十回ほど経験すると、「どうして毎回こんなに嫌な気分になるのだろう」と気づきます。そして、「もしかすると、自分の中にも似たような部分があるのではないか」と疑うまでにさらに五年ほどかかり、それをはっきり意識して根こそぎ抜くのに五年。ぎゃっ！　トータルで二十年。早めに対処しておきたいものです。

他人の心の醜さを見て、自分の醜さの萌芽を抜いておきましょう。

一流の医者の目には、道端の雑草も薬草に見える

博物館や美術館へ行くとイヤホンガイドのサービスが用意されていることがあります。私は迷わず使う派です。展示品の横に簡単な説明書きはありますが、それだけではわからない多くの情報を伝えてくれて、展示品をより深く味わうことができるからです。

わずか二百七十文字ほどの短いお経の『般若心経』は、日本仏教の中では日蓮宗、浄土真宗以外で唱えられていますが、空海はこのお経を、それまでの解釈と異なる密教的な解釈をして、『般若心経秘鍵《ひけん》』という文章を残しました。

その中に「医王《いおう》の目《め》には、途《みち》に触《ふ》れて、皆薬《みなくすり》なり。解宝《げほう》の人《にん》は、鉱石《こうしゃく》を宝《たから》と見《み》る。知《し》ると知《し》らざると、何誰《たれ》が罪過《ざいか》ぞ」という言葉があります。

医学の知識がある人が道を歩けば、どの草が何の薬になるか知っています。宝石に詳しい人が石を見れば、それがどんな宝石の原石なのか知っています。本当はどんな

物にも価値があるのに、それがわかるかどうかは、その人の知識や経験や感性によります。それがなければ、道端の草はただの草であり、せっかくの宝石の原石もただの石ころです。

古歌にも「只《ただ》の目《め》に　なに石山《いしやま》の　秋《あき》の月《つき》」があります（「ただ見れば〜」とも）。風流と無縁な人の目には、近江八景《おうみはっけい》の一つに数えられる石山寺にかかる秋の月も、どういうことのない風景です。

仏教ではこうした感性を、私たちの心乱す煩悩にも応用します。

嫉妬して心が乱れるのは、比べても仕方がないのに、比べてしまうからです。これに気づけば、比べないで平然としていられるようになります。嫉妬はとことん悪いわけではありません、そこから気づけることがあるので、嫉妬にもそれなりの価値があります。

貪りの心も、次から次に求めつづけていくことに疲れて「これは際限がないぞ」と気づくことで、分相応な平穏な暮らしで満足できるようになります。百害あって一理なしのよう思われる「貪りの心」も、薬草や宝石の原石なのです。

では、医王や解宝の人《にん》になるのはどうしたらいいのでしょう。まず知識を増やすことです。そのためには多くのものに不思議を感じて、好奇心や関心を持つことでしょう。それらの知識をどう活かすかを考えるのが知恵です。料理で言えば、知識は材料で、どう料理すると美味しくなるかを考えるのが知恵です。どちらが欠けても美味しいお料理はできません。

そしてもう一つ大切なのは「福」だと言われます。福は「人のため」と考えればいいでしょう。美味しい料理をだれかに食べさせてあげたいと願って、実践することです。

好奇心旺盛に知識を蓄え、それらを結びつけて知恵を働かせ、人のために使って福を得て、医王や解宝の人《にん》に近づいてみるのも悪くありません。

無価値に見えるものも、知識や経験で磨けば、宝石に変わる。

楽じゃなくても楽しめる

心身が疲れず、たいした手間をかけないことを「楽をする」と言います。一方、心がウキウキすることを「楽しむ」と言います。同じ「楽」という漢字を使うのに、ニュアンスは異なるのは面白いと感じたことがありました。

そう思った日の夕方。寺の門を閉めに境内（六台の車で一杯になるほどの狭い境内ですが）に出ると、落ち葉や紙屑が落ちていました。「朝、掃除したのに」とため息をつきながら箒と塵取りを手に取った時、さっき思ったことがよみがえりました。

「掃除は楽ではないけれど、だからといってそれを楽しめないわけではないだろう」

そう思い、テーマパークのパフォーマーのように、箒と塵取りを操る掃除人の真似をして掃除をしたのです。夕方、作務衣《さむえ》姿の坊さんが境内で、足どり軽く、踊るように掃除するのを知らない人が見たら、さぞや不思議な光景だったでしょう。

元来カラスの行水と言われるほど風呂が好きでない私にとって、入浴は楽ではなく、こなさなければならいルーティンワークの一つでした。この楽ではない日々の行事を楽しもうと持ちだしたのは、防水オーディオプレーヤー。浴室に持ちこんで、音楽のリズムに合わせて手のひらや指先で水面をペチャ・ピシャと叩きます（これも知らない人が見たら妙な光景でしょうが、浴室ですから見られる心配はありません）。

みなさんが楽ではないと思っている仕事や、親戚、近所、同僚などの人間関係も、「楽ではないけれど、ひょっとして楽しめる方法はあるのではないか」と考えてみることで、事態は思いも寄らない広がりを見せるものです。

それでなくても楽でないことをやっているのに、それを愚痴り、文句を言えば、自分で自分の心にトゲを生やし、育てていくようなものです。だれも、そんなことをするために生れてきたわけではないでしょう（この「こんなことをするために、私はここまで大きくなったのか？」という感性も持っておくと、悪い思考からきれいに離れられます）。

ここまでは、楽でなくても楽しむ感性について書きました。もう一つお伝えしたいのは、楽をしているのに楽しまないということです。

仕事をサボって、映画を観たり、読書をしたりするなら、それはそれで楽しんでいるからまだいいと思います。しかし、スーツ姿でパチンコやスロットなどのギャンブルをしている人を見ると、「せっかく楽をしているのに、楽しんでいますか？」と聞きたくなります。

子育てを終えて楽になった親が、お金や社会、人間関係のことで愚痴を言っていたら、「楽ができるようになったのだから、愚痴や文句ばかり言ってないで、楽しみなよ。楽と楽しいは、同じ漢字だよ」と言ってあげてください。テレビを観ようが、昼寝をしようが、それを楽しめばいいと思います。「ふぁ〜、退屈だぁ〜」とあくびをする時間さえ、のんびり楽しんでいる人はいるのです。

「退屈だ」とあくびをするのさえ楽しめる人がいる。

魔が差した時こそ、心の免疫力を高めるチャンス

電話がかかってきてすぐに出ると、相手をびっくりさせてしまうので、二、三度鳴ってから出たほうがいいと聞いたのは、私が五十代半ばのことでした。それまでは、早押しクイズの解答者さながらに素早く電話に出ていたのですから、心の準備ができていない相手をひどく狼狽《ろうばい》させてきただろうと反省しました。

相手に心の準備ができるように、すぐにでも受話器を取りたいという衝動を抑えて、二度鳴ってから出ると……。「こんにちは。名取さんでいらっしゃいますか。お忙しいところを申し訳ありません。わたくし○○の××と申しますが」とこちらの都合も聞かずにまくし立てるように話しはじめる営業電話。

私はアリャリャと思い、相手が息を吸う瞬間を見計らって、「先程からお話をお聞きしているのですが、聞けば何かの営業のようなので申しあげます。あなた、その会社、辞めて転職したほうがいいですよ」と言います。

たいていの営業はここで言葉を詰まらせます。それはそうです。そんな場合に何と言えばいいのかは営業電話の対応マニュアルにないからです。

「電話がつながった時点で『一分ほどお時間をいただいてよろしいでしょうか』と確認しなくていいという会社など、ろくな会社ではありません。そんな会社にいたら、あなたの人生が駄目になります。悪いことは言いません。早く転職なさい」

実際にこれを言った経験は二十回くらい。そのうちの四人は急に声のトーンを落として「やはり、そう思いますか」と私の思いにシンクロした様子でした。「悪いねぇ。せっかくテンションを上げるだけ上げて、こうして電話をしてきているんだろうに、そのテンションを一気に落としちゃって」「いや、いいんです。実は私もそう感じていたところなんです」と人生相談のような時間になります。

いくら会社の方針でも、やってはいけないことがあります。やってはいけないことを承知でやるのは確信犯です。嘘は泥棒の始まりと言われるように、清廉潔白でやさしい心の持ち主でも、それを保護していた膜に「悪いことだと知っているけど、これは仕方がない」と小さな穴を開けてしまえば、その穴が広がり、保護していた膜自体がなくなり、中にあったきれいなものが流れだしてしまいます。
〝一度だけが命取り（身の破滅）〟は覚醒剤や麻薬などの薬物に対する啓蒙句ですが、これは「ささいな悪」にも言えると思うのです。

列に割りこむ、多くもらった釣り銭に気づいたのにそのままもらう、他人のせいにして自己保身に走るなど、自分では「ほんの出来心で」「つい魔が差して」「それほど大それたことではない」と思っていても、失うものは小さくありません。地位や人望、信頼を失うのは言うまでもありませんが、それより大切な「悪いことはしない」という心の抗体がなくなっていくのです。

些細なことでも、悪いことだと承知してやりたくなる衝動にかられたら、踏みとどまって抗体を強くして、心の免疫力をアップさせましょう。

悪いことだと知ってやると、大切なものを失う。

世の中のものすべて、自分と関わりがある

四十代半ばで「話」の勉強をしていた時、連想ゲームのワークをやったことがありました。人と会話をするには、どれだけ多くのことに関心を持っているかが、会話の流れを作るための重要な要素になります。

連想ゲームで「春」がお題になれば、卒業式、入学式、桜、雪解けなど、だれでも連想する答えはすぐに出尽くします。

十人の参加者でやった連想ゲームは、一つのお題について一人一つずつ答えて十周、つまり一人十個、合計百個の連想を生みださなければなりません。一度出た言葉は不可です。二周もすると、それ以上思い浮かばない人が続出しました。

これは、誰でもうなずくような連想ワードを言おうとするからいけないのです。「春」というキーワードでも、それを「春の思い出」にすれば、個人的な思いはたくさんあるはずです。「卒業式の日、学生服の第二ボタンをくださいと誰も言ってくれ

なかった寂しさ」もアリなのです。「入学式の中で唯一何も覚えていない〝人生の入学式〟だった自分の誕生日」だって、春→入学式→人生の入学式→誕生日と連想がつながっているのでOKです。このように連想していけば、百や二百の言葉は出るでしょう。だれにでも、そんな思い出がたくさんあるはずです。

会話はキャッチボールですから、相手の言葉を聞いて自分がどう思うか、感じるかを交互に返すのがルールです。「第二ボタンはいつまでもついていたままだったのか。虚しいね。でも、まだいいよ。私なんか『ください』って言われてすぐ取れるように、卒業式の朝、はさみで第二ボタンを縫いつけてある糸を一本だけにしておいたんだ。気づいたら第二ボタンだけ垂れ下がってブラブラしたままその日を過ごしたんだ」

こうして、次々に話題がつながっていくのが会話です。

『華厳経《けごんぎょう》』の「浄行品《じょうぎょうぼん》」という章には、「こんな場面に出合ったらこう願え」という項目が百以上書かれています。

「下着を身につける時は、恥じる心も身につけようと願え」「高い山を見たら、自分も悟りの頂《いただき》を目指そうと願え」「睡眠する時は、体に安穏になり、心が乱れ、動くことがないよう願え」など、私たちが日常で出合うことを悟りの糧にするための手法が説かれます。

お経の力を借りなくても、赤ちゃんを見たら「純真な気持ちを忘れないようにしよう」と思うことができます。スマホを見るたびに「リアルな生活を充実させよう」と思うことも可能です。鳥がとまっている電線を見て「頼りないけれど、私もだれかを休ませられるような人になろう」とも思えます。

赤ちゃんやスマホや電線は、あなたにそんなことを思わせるためにあるのではありません。しかし、どんなことでもあなたに向けられたメッセージとして考えることができるのです。多くのことを自分に向けられたメッセージとして解読してみるのも、たまには面白いものですよ。

連想力のある人ほど、学ぶチャンスは広がっていく。

第一印象はよくしないほうがいい

ビジネス系の自己啓発本を読むと、「第一印象」についての項目が入っていることがあり、多くの人が他人の目を気にしていることがわかります。

人にはさまざまな側面があるのに、狭く、偏った感性でその人物の全体像を初対面で測ろうとするのは馬鹿げていると思います。

測られるほうはどうすることもできませんが、なるべく良く見られたいと思うのは人間の悲しい性《さが》でしょう。第一印象がよいほうが周囲と衝突しにくくなるので、そのぶん生きやすくなります。

結婚披露宴で新郎新婦にそれぞれの第一印象を聞くと、最初から結婚したくなるほどの好印象を持っているカップルは少ないものです。それが第二印象、第三印象と徐々に印象がよくなって結婚に結びつくのです。私は、第一印象は占いのようにあてにならないと思っています。

第一印象を筆頭に、私たちが人からどう思われているか気になるのはいつからでしょう。私の場合は、集団生活をする幼稚園からその意識が芽生えはじめ、小学生になると急速に他人の目を意識しはじめた気がします。

「他人のことが気になる」はいいのです。「あの人は大丈夫だろうか。心配だ」「この人はいつもニコニコしている。いいなぁ」と、自分のことを置いて他人に純粋に関心を持つのはいいことです。こうした感性はのびのびと成長させたいものです。

しかし、「私は他人からどう思われているだろう」と、自分の印象や評価を他人に委ねるのは、〝他人の目〟という鎖を次々に身にまとい、自身をがんじがらめにしていくようなものです。

他人の目を気にしている人の中には、「あなたは周囲の人から、こう思われているのをご存じですか」と悪評を伝えられると、「人からどう思われようと、私はかまいませんよ」とキレる人がいます。本当にかまわないと思うなら「ふ〜ん」ですませるはずですが、キレるということはどう思われているか気にしている証拠です。そういう人は、「人からどう見られているか気にしている」ことを、素直に認めたほうがいいでしょう。

向上心のある人は、他人からの悪い評価だけを自分磨きに利用して、良い評価などは放っておけばいいと覚悟しています。テストで九十点取れたら、取れなかった十点について勉強すればいいのであって、正解した九十点はもう勉強しなくていいのです。自分が悪く思われているとわかったら、「へぇ、自分では気づきませんでした。参考になります。ありがとう」とお礼を言えるくらいの貫禄は持ちたいものです。

人からどう思われるか気になる人の多くは、好評価を望みます。しかし、悪評こそ参考にして、自分磨きに精を出すほうがずっと賢明です。

いずれにしても、「評価なんか、後からついてくる。私は先に進むしかない」と覚悟しておけば、それでいいのです。


他人の目を気にするより、他人のことを気にしよう。

〈著者プロフィール〉
名取芳彦（なとり・ほうげん）
1958年、東京都江戸川区小岩生まれ。大正大学を卒業後、英語教師を経て、江戸川区鹿骨 元結不動密蔵院住職となる。真言宗豊山派布教研究所研究員。豊山流大師講（ご詠歌）詠匠。密蔵院写仏講座・ご詠歌指導など、積極的に布教活動を行っている。主な著書に『気にしない練習』『般若心経、心の大そうじ』（ともに三笠書房）、『えんま様の格言』（永岡書店）、『1分で悟り』（ワニブックス）などがある。

感性をみがく練習

2018年5月25日　第1刷発行

著　者　名取芳彦
発行人　見城 徹
編集人　福島広司

GENTOSHA

発行所　株式会社 幻冬舎
〒151-0051　東京都渋谷区千駄ヶ谷4-9-7
電話　03（5411）6211（編集）
03（5411）6222（営業）
振替　00120-8-767643
印刷・製本所　中央精版印刷株式会社

検印廃止

万一、落丁乱丁のある場合は送料小社負担でお取替致します。小社宛にお送り下さい。本書の一部あるいは全部を無断で複写複製することは、法律で認められた場合を除き、著作権の侵害となります。定価はカバーに表示してあります。

© HOGEN NATORI, GENTOSHA 2018
Printed in Japan
ISBN978-4-344-03301-6　C0095
幻冬舎ホームページアドレス　http://www.gentosha.co.jp/

この本に関するご意見・ご感想をメールでお寄せいただく場合は、
comment@gentosha.co.jpまで。